명강사 시크릿 5

나는 뼛속까지 강사다

김순복 강병찬 김지은 나윤희 박정희 이건우
이말옥 전미경 조 순 최미경 최정화

한국강사
교육진흥원
KOREA INSTRUCTOR TRAINING AGENCY

나는 뼛속까지 강사다

1판 1쇄 인쇄 2024년 8월 20일
1판 1쇄 발행 2024년 8월 26일

발행인 김순복
기획 김순복
펴낸 곳 (주)한국강사교육진흥원
등록번호 제2024-000061호
주소 경기도 성남시 분당구 야탑로 81번길 10, 511-1호
전화 1661-9636 / 010-9242-1701
홈페이지 https://trainingservice.modoo.at
e-mail kangsaedu1@naver.com
보급 및 유통 대경북스(02-485-1988)

ISBN 979-11-988738-0-4 03320

프롤로그

교육은 단순한 지식의 전달이 아니라, 삶을 변화시키는 힘을 지니고 있습니다. 이 책, 《나는 뼛속까지 강사다》는 단순한 지식을 전달하는 강사가 아니라 각자의 열정과 소신을 가지고 교육 현장에서 헌신하는 한국강사교육진흥원의 11명의 명강사가 함께 나눈 이야기입니다. 우리는 모두 강의 분야도 강의 방식도 다르지만, 교육에 대한 사랑과 학습자들을 향한 진심은 동일합니다. 온 마음으로 진심을 담아 강의하는 11명의 명강사가 독자들을 만나기로 뜻을 모았습니다.

1장에서는 우리가 왜 강사가 되었는지를 돌아봅니다. 각자의 여정 속에서 만난 소중한 순간들이 우리를 강사로 이끌었고, 그 이유는 오늘도 우리의 가슴 속에 자리 잡고 앞으로 나아갈 동력이 되어 줍니다.

2장에서는 강사로서 갖추어야 할 자질과 마음가짐을 다루며, 교육 현장에서 긍정적인 영향력을 어떻게 발휘할 수 있는지를 탐구합니다.

3장에서는 강좌 기획과 콘텐츠 개발의 중요성을 강조하며, 효과적인 교육을 위해 필요한 전략과 명강사 11인의 창의성을 공유합니다.

4장에서는 강의 실전에서의 노하우를 통해, 실제 교육 현장에서 겪는 다양한 상황을 극복하는 방법 등 살아있는 현장 노하우를 소개합니다.

5장은 강사 브랜딩과 마케팅에 대한 통찰을 제공하여, 어떻게 강사로서 자신을 효과적으로 알리고, 더 많은 학습자에게 다가갈 수 있는지 그 혜안을 담았습니다. 마지막 결문은 강사로서의 꿈과 비전을 향해 나아가는 여정을 담았습니다. 각자의 비전이 어떻게 교육의 미래를 변화시킬 수 있는지를 함께 고민하고, 그 가능성을 모색합니다.

이 책은 강사라는 직업에 대한 우리의 열정과 사명을 담고 있으며, 독자 여러분이 교육의 의미를 새롭게 발견하고, 더 나아가 강사로서의 길을 더욱 확고히 할 수 있는 계기가 되기를 바랍니다. 강사의 삶은 쉽지 않지만, 그 길 속에서 만나는 기쁨과 보람은 그 무엇과도 비교할 수 없는 평생 가슴을 뛰게 하는 귀한 선물입니다.

이제, 함께 한국강사교육진흥원에서 가슴 뛰는 삶, 그 길을 걸어가 보시지 않겠습니까?

한국강사교육진흥원장 김순복

차 례

01

뼛속까지 강사인 명강사 시크릿 5

김순복

주요 경력

- (주)한국강사교육진흥원장
- 가천대 명강사 최고위과정 책임교수
- 한국강사신문 기자/칼럼니스트
- 전)경기도교육청 교육행정 공무원
- 전)삼성전자 반도체사업부 사무행정 서무

명강사 시크릿 01   새로운 도전을 두려워하지 말자

대중 공포증, 마이크 울렁증을 극복하기 위해 배우기 시작했던 크리스토퍼 리더십 코스가 나를 강사의 길로 안내했다. 처음 강단에 섰을 때의 설렘과 두려움, 그리고 느껴졌던 책임감이 아직도 생생하다. 그렇게 시작된 강사의 여정은 지금까지 열정과 소명 의식으로 이어졌다.

교육청에서 교육행정직 공무원으로 근무하면서 내부 강사를 겸했었다. 강의실에서 학습자들을 만나면 늘 가슴이 설레고 벅찼다. 학습자 한 명 한 명의 눈빛에서 배움의 열정을 느끼고 학습자의 변화를 지켜보며 보람과 함께 에너지가 충전되곤 한다. 학습자들의 변화를 돕는 것이 공무원보다 더 의미 있는 일로 느껴졌다. 공무원직을 사직하고 전문 강사의 길을 걸으며, 강사가 되고자 하는 예비 강사, 강사의 전문성을 높이고 싶은 현역 강사들을 위해 한국강사교육진흥원을 설립해 현재 1,200여 명의 강사들과 함께하고 있다. 강사들의 전문성을 높이기 위해 늘 새로운 교수법을 시도하고 있으며, 학습자에 대한 이해와 공감이 지금의 강사로 성장하는 원동력이 되었다. 물론 강사가 되는 여정 속에서 시행착오도 있었지만, 끊임없이 도전하며 역량을 키워 왔다.

"긍정과 열정으로 도전, 도전 도전하자."라고 대중 강의를 시작할 즈음에 끊임없이 외치며 힘을 얻었던 기억이 난다. '긍정과 열정으로 도전해서 결실의 열매를 나눔으로 실천하자.'라는 철학으로 학습자들을 만났던 때다. 학습자들이 있기에 오늘도 나의 심장은 뛰고 있다. 일상생활에 지장을 줄 정도로 아프다가도 막상 강의가 시작되면 언제 아팠냐는 듯 고통은 사라지고 신명나게 강의가 몰입하게 된다. 하여, 나는 뼛속까지 강사다.

이제는 강의를 통해 학습자들의 성장을 돕고자 하는 소명 의식이 내 삶이고 내가 살아가는 이유다. 학습자들의 눈빛과 반응에 집중하며 그들의 고민과 어려움에 공감하는 자세를 잃지 않고 늘 학습자들과 함께하며 도전을 멈추지 않을 것이다.

 ## 열정과 소명 의식으로 빛나는 강사의 길

전문 강사로서 나는 늘 학습자들의 열정과 호기심을 이끌어 가는 것이 가장 큰 보람이다. 무대 공포증 울렁증을 없애고자 배웠던 과정에서 변화되는 나를 보고 스스로 깊이 감동했다. 그때부터 누군가의 변화를 돕는 강사가 되리라 다짐하고 나의 닉네임을 '변화디자이너'로 정했다. 지금도 그때의 열정과 설렘이 생생하게 느껴진다.

강의를 준비하고 실제로 강단에 서는 일은 결코 쉽지 않았다. 처음부터 잘하는 사람은 없다. 처음에는 긴장감에 휩싸였고, 때로는 좌절감에 빠지기도 했다. 하지만 학습자들의 반응을 보며 점차 자신감을 얻어갔다. 그들의 호기심 어린 눈빛과 열정적인 태도는 나에게 큰 힘이 되었다.

"저도 강사님처럼 되고 싶어요."라고 학습자들이 말할 때는 긍지와 자부심이 느껴지며 더욱 잘해야겠다는 생각이 들었다. 딸이 죽음의 문턱을 넘나들다 살아나서 했던 "엄마, 나도 강사가 되어볼까?" 그 말을 들었던 순간은 정말 잊을 수가 없다. 누군가의 앞에서 마이크를 잡는다는 것은 그만큼 책임감이 따르고 모범이 되어야 한다. 누군가의 삶에 지대한 영향을 미칠 수 있기 때문이다. 나는 그 소중한 순간들을 소중히 간직하며 끊임없이 연마하면서 오늘에 이르렀다.

"원장님은 사람을 끌어들이는 마력이 있는 것 같아요."라는 말을 많이 듣는 이유는 열정과 소명 의식이 있기 때문이라 생각한다. 명강사로 성공하기 위한 가장 중요한 첫 번째 요소는 강사 스스로의 강한 열정과 소명 의식이다. 열정 있는 강사는 자신의 수업에 대한 자부심과 긍정적인 에너지를 가지고 있으며, 이는 학습자들의 마음을 움직이고 변화를 끄집어낼 수 있어 큰 동기부여가 된다.

강사는 단순히 돈을 벌기 위해 일하는 것이 아니다. 돈을 벌기 위해서 강사가 되고 싶다면 시작부터 하지 말라고 권하고 싶다. 학습자들의 성장과 발전을 위해 일한다는 사명감이 있어야 한다. 이러한 소명 의식은 강사에게 학습자 중심 교육을 실천하게 하며, 어려운 상황에서도 포기하지 않고 끝까지 최선을 다하게 된다.

열정과 소명 의식을 가진 강사는 단순히 지식을 전달하는 것을 넘어서 학습자들의 삶에 변화를 일으킬 수 있다. 이들은 학습자들과의 긍정적인 관계를 형성하고, 학습자들의 잠재력을 최대한 끌어올릴 수 있다. 또한 열정과 소명 의식은 강사 자신의 성장과 발전에도 큰 동력이 된다. 강사로서의 보람과 자부심을 느끼며, 끊임없이 자신을 발전시켜 나갈 수 있기 때문이다.

"원장님은 어디서 그렇게 끊임없는 아이디어가 샘솟는 건지 제주도 용천수는 말라도 원장님의 강의 스킬은 마르지 않는다."라는 교육 후기를 들을 수 있는 것은 끊임없이 노력하기 때문이다.

강사로 성공하기 위한 두 번째 요소는 바로 다양한 전문성과 자질이다. 강사는 자신이 가르치는 분야에 대한 깊이 있는 지식과 이해를 갖추고 폭넓게 이해하고 자신의 역량을 개발하고 발전시켜 나가야 한다. 이를 통해 학습자들의 질문에 즉각적으로 답변할 수 있고, 깊이 있는 토론을 끌어낼 수도 있다.

또한 강사는 효과적인 교수 방법을 갖추고 있어야 한다. 학습자들의 흥미와 동기를 유발할 수 있는 다양한 교수 전략을 구사해 학습자들의 능동적인 참여를 끌어낼 수 있어야 한다. 학습자들과의 원활한 소통 능력도 중요하다. 강의 내용을 효과적으로 전달하는 것도 중요하지만, 학습자들의 반응을 민감하게 파악하고 이해할 수 있어야 한다. 이를 통해 강사 자신의 전문성을 향상 시키고, 더 나은 교육 서비스를 제공할 수 있다.

"죽을 때까지 하고 싶은 것이 무엇인가?"라는 질문을 살면서 한 번쯤 받아봤을 것이다. 나는 1초의 망설임도 없이 "나는 죽을 때까지 강사이고 죽는 순간까지도 강사로 남고 싶다."라고 자신 있게 말할 수 있다. 내가 하는 일에 삶의 의미와 가치를 부여하고 그것이 삶의 목적이 되어야 한다. 삶의 의미를 찾는 것은 쉽지 않은 과정이다. 때로는 혼란스럽고 방향성을 잃기도 한다. 하지만 이 과정을 통해 우리는 자신의 존재 이유와 삶의 목적을 깨달을 수 있다.

삶의 의미와 가치는 행복, 사랑, 성장, 기여 등의 요소들이 복합적으로 작용하여 형성된다. 이 요소들은 개인마다 다른 비중과 중요도를 가질 수 있지만, 서로 밀접하게 연관되어 있다. 이러한 요소들을 균형 있게 발전시키고 실천해가며 삶의 의미와 가치를 찾는 여정이 바로 강사의 길이다. 강사는 끊임없는 자기계발로 시대와 환경의 변화에 발맞춰 새로운 지식과 기술을 습득하고, 효과적인 교수법을 개발해 나가야 한다. 나 또한 새로운 지식과 강의 기법을 지속해서 공부하고 연구하며, 한국강사교육진흥원 원장으로서 교육과정을 기획하고 학습자들의 요구에 유연하게 대응하고자 노력해 왔다. 이를 통해 끊임없이 새로운 것을 만들어 내며 강의 내용의 최신성과 전문성으로 성장할 수 있었다. 이처럼 나의 강사 여정을 지탱해 온 핵심 요소들을 바탕으로 앞으로도 학습자들과 함께 성장해 나가고자 한다.

그리고 항상 명심하고 있는 것은, 강사로서 단순한 지식 전달자가 아닌 학습자들의 성장을 돕는 조력자라는 점이다. 학습자들의 성장을 이끌어 가는 조력자의 역할을 다하기 위해서는 강의에 대한 열정과 사명감이 필수적이다. 강사의 에너지가 학습자들에게 전달되어 이를 통해 학습자들의 호기심과 열정을 일깨워 주고, 더 나은 미래를 향한 발걸음을 함께 내딛는 것이다. 우분투 정신이 칭송받는 것은 함께라서 더욱 값지게 얻을 수 있었기 때문이다.

내 삶의 신조는 '사람이 재산이다'라는 생각으로 '함께 성장하는 것'이다. 2019년도부터 진행하고 있는 가천대학교 명강사 최고위 과정도 '함께 성장하는 가천대학교 명강사 최고위 과정'으로 운영하고 있다. 한국강사교육진흥원도 함께 협업하며 성장할 수 있는 토대를 마련하기 위해 연구원 제도와 회원제로 운영한다. 연구원이 대부분 주강사가 되어 주 2회 회원 역량 강화와 강사 레벨업 특강을 진행하고 있다. 한국강사교육진흥원에서 자체적으로 운영되고 있는 교육과정은 같은 주제로 외부 강의로도 계속 이어지고 있다. 그리고 사익보다는 공동의 이익을 추구하고자 노력한다.

우리는 때로 개인의 이익만을 앞세우며 살아간다. 하지만 진정한 성장과 발전은 서로를 이해하고 존중하는 관계에서 이루어진다. 개인의 노력과 발전이 공동체에 긍정적인 영향을 미치는 것처럼 공동체 구성원 모두가 서로를 배려하고 협력할 때 그 조직은 더욱 강해질 수 있다. 타인을 이해하고 도움을 주는 자세는 개인과 공동체가 함께 성장할 수 있는 토대가 된다. 한국강사교육진흥원이 짧은 기간에 급성장할 수 있었던 것은 '함께 성장하는 것'을 신조로 했기 때문이다. 사익보다는 공동의 이익을 추구하며 강사들의 브랜딩을 도와 왔기 때문이다.

강사는 학습자와 함께 성장하고 있다는 사실을 잊어서는 안 된다. 그들의 눈높이에서 소통하고 공감하며, 서로를 응원하는 태도가 필요하다. 이를 통해 모두가 더 나은 내일을 향해 나아갈 수 있다. 또한 학습자와 함께할 수 있는 매력적인 콘텐츠 만들기에 주력해서 나만의 독차적인 스타일을 찾고 강의력을 높이는 데 온 힘을 다해야 한다.

명강사 시크릿 03 매력적인 콘텐츠로 나만의 강의 스타일 찾기

고객사로부터 "재미있게 강의 잘하는 강사로 추천해 주세요."라는 강사 추천 요청이 올 때가 많다. 무조건 재미만 주기보다는 재미가 있고 강의도 잘하는 재미와 유익이 함께 공존하는 교육이 성공적인 교육의 형태다.

재미와 유익을 주기 위해서는 학습자 중심의 참여형 공감 학습으로 진행해야 한다. 학습자의 참여를 이끌 수 있는 매력적인 콘텐츠를 만들기 위해서는 학습자 중심의 콘텐츠 설계와 다양한 멀티미디어 요소의 활용이 필수적이다. 우선 학습자의 요구사항과 특성을 면밀하게 파악하여 그들의 흥미와 동기를 자극할 수 있는 콘텐츠를 구성해야 한다. 학습자가 능동적으로 참여하고 몰입할 수 있는 상호작용성이 높은 콘텐츠를 개발해야 한다. 내가 수업방식을 공감 학습으로 이끌어가는 이유이기도 하다. 이를 위해서 '강의자료 콘텐츠에 무엇을 담을까? 어떻게 하면 적절한 구성이 될까?'를 고민하고 신경 쓰지 않을 수 없다. 강의 초반, 중반, 마무리에 넣으면 좋을 적절한 콘텐츠를 담아 강의 교안을 완성하기 위해서 강사는 수없이 가다듬고 뜯어 고쳐가며 총력전을 기울이게 된다.

강의에서 가장 중요한 부분이 바로 오프닝이다. 오프닝을 어떻게 하느냐가 강의 전체의 분위기를 좌우할 수 있다. 학습자의 시선을 끌고 학습자의 마음을 사로잡을 수 있는 필살기를 지속해서 개발해야 한다. 자신만의 차별화된 전략과 노하우가 없다면 강의 시장에서 살아남을 수 없게 된다.

끊임없이 변화 발전하는 물질문명 속에서 강의 대상자별로 콘텐츠 구성 전략이 필요하다. 챗GPT 등 새로운 문화를 받아들여 청중을 신세계로 이끌어야 할 때도 있고, 때로는 청중의 추억과 감성을 건드릴 수 있는 과거로의 여행을 강의에 녹여내기도 해야 한다. 주제와 대상에 따라 강의 콘텐츠를 유연하고 다채롭게 구성해야 살아있는 교육으로 청중의 참여를 유도할 수 있다.

요즘 PPT를 바로 만들어 주는 인공지능 앱들도 많지만, 그런 것에 의존하고 익숙해지다 보면 나만의 창의성을 담아내기 어렵고, 나아가 살아있는 교육으로 이끌어갈 수 없게 된다. 인공지능에 의존하면 할수록 강사 자신의 창의성은 점점 사라지고 인공지능에 생각마저 잠식당한 기계적인 인간이 될 수도 있다. 그렇기 때문에 인공지능에 의존하기 보다는 직접 강의자료를 구상하고 만들기를 추천한다.

강의자료를 만들 때에는 동영상, 이미지, 애니메이션 등의 시각적 요소와 오디오, 게임, 시뮬레이션 등의 청각 및 체험적 요소를 적절히 활용하기 바란다. 이를 통해 학습자의 집중력과 몰입도를 높일 수 있다. 문구점이나 다이소, 편의점, 마트 등에 들를 때면 매장 전체를 돌아보며 학습 교구로 활용할 수 있는 새로운 아이템이 없나 습관처럼 살펴보곤 한다. 늘 새롭고 참신한 기법을 선보여야 학습자의 시선을 끌고 좀 더 흥미롭게 수업을 진행할 수 있기 때문이다.

강사는 학습자의 능동적인 참여를 유도하고, 실시간 피드백과 보상 체계를 마련하여 학습 과정에서 지속적인 관심과 동기를 유발해야 한다. 이와 함께 학습 목표와 내용의 일관성을 유지하고, 단계적이며 논리적인 콘텐츠를 구성해야 한다. 또한 학습자의 이해도와 학습 효과를 높일 수 있도록 매력적이고 효과적인 콘텐츠를 만들어야 한다. 이처럼 학습자 중심의 콘텐츠 설계에서 가장 중요한 것은 학습자의 흥미와 집중력을 높이는 일이다. 이를 위해서는 다양한 멀티미디어 요소를 활용하여 시각적, 청각적, 체험적 자극을 제공해야 한다.

시각적 요소는 즉독성이 있어서 청중의 이해도를 높이는 데 큰 도움이 된다. 동영상, 이미지, 애니메이션 등의 적절한 시각적 요소를 활용하면 학습자의 주의를 끌고 복잡한 개념도 쉽게 설명할 수 있다. 또한 오디오, 게임, 시뮬레이션 등의 청각 및 체험 요소를 활용하면 학습자의 몰입도와 참여도를 높일 수 있다. 예를 들어 게임이나 시뮬레이션을 통해 학습자가 직접 체험하고 실습하는 기회를 제공함으로써 학습 효과를 극대화할 수 있다.

"열 번 듣는 것보다 한 번 경험하는 것이 더 기억에 남는다."라고 강사 양성 과정에서 강조한다. 그러면서 자신의 강의에 꼭 적용해 보라고 권하고 있다. 학창 시절, 공부가 잘 안 될 때면 역으로 다른 사람을 가르치는 형식으로 공부를 했다. 그러면 개념 정리도 잘 될 뿐만 아니라 확실하게 내 것으로 소화할 수 있었다. 이 경험을 강의에 적용하니 효과적이었다. 중간중간의 요점 정리나 마무리 총정리에서도 강사가 직접 정리해 주기보다는 팀별로 학습자 스스로 정리할 수 있도록 돕는 방식을 주로 사용하고 있다. 과정 요약도 팀별로 경쟁심리를 부추겨 가며 발표 내용의 중요도에 따라 팀별 점수를 제공하고 앞 팀에서 발표한 것을 중복하면 감점을 주는 형식으로 진행하면 몰입도가 높아진다. 이때 박진감 넘치게 게임처럼 진행하면 더욱 좋다. 물론 학습자의 발표로 끝나는 것이 아니라 학습자의 발표에 덧붙여 강사가 최종적으로 마무리하며 내용을 보완하는 방식으로 교육 과정을 설계해야 한다.

중간중간 학습자가 참여할 수 있도록 전략을 세워 학습자의 능동적인 참여 기회를 제공하고 참여에 따른 피드백 및 보상 체계를 마련해야 한다. 보상이 반드시 물질적인 것일 필요는 없다. 보상에 다양한 의미를 담는다면 더욱 진정성 있는 강의가 될 것이다. 학습 기간 중 실시간 소통 채널을 구축하는 방법도 좋은 방법이다. 소통 채널을 구축할 경우 학습자들의 답변을 실시간으로 함께 보며 진행할 수 있어 친근감과 참여도를 높일 수 있다.

이러한 요소를 반영시켜 학습 목표와 학습 내용의 일관성을 유지할 수 있도록 콘텐츠를 구조화하고 체계화해야 한다. 단계적이고 논리적인 콘텐츠 구성을 위해 학습자들이 무엇을 배우고 싶어 하는지, 어떤 목표를 달성하고자 하는지 정확하게 이해하고 있어야 한다. 이를 위해 사전 조사와 분석은 필수다.

먼저 학습자의 특성을 파악해야 한다. 나이, 경험, 지식수준, 동기 등을 고려한다. 초보자를 대상으로 하는 강좌와 경험자를 대상으로 하는 강좌 설계는 근본부터 다르다. 또한 강좌의 목표를 명확히 설정하는 것도 중요하다. 구체적으로 목표가 설정되어야만 내용과 방법을 체계적으로 구성할 수 있다. 예를 들어 초보자 강좌는 강의와 실습을 적절히 병행하는 것이 좋고, 경험자를 대상으로 하는 강좌는 토론과 프로젝트 중심 학습 방법이 효과적일 수 있다.

강좌 설계에서 효과적인 교수법 선택이 매우 중요하다. 효과적인 교수법 설계를 위해 강의실 구조와 인원수, 책상 배치 등을 고려해야 한다. 그렇기 때문에 강의장의 사전 조사가 필수다. 체계적인 평가계획을 수립하는 것 또한 중요하다. 학습자들의 성취도를 측정하고 강좌의 효과를 점검하는 방법으로 강의 중간중간에 평가를 넣어도 좋다. 이를 통해 강좌를 지속해서 개선해 나갈 수 있다.

마지막으로 강좌의 구성과 흐름을 체계적으로 설계해야 한다. 도입, 전개, 마무리가 유기적으로 연결되도록 해야 한다. 각 단계에서 학습자들의 적극적인 참여를 유도하는 공감 학습 교수법이 효과적이다. 마무리에서는 전체적인 학습 내용을 정리하고 향후 학습 방향을 제시할 수 있어야 한다. 강의만 잘한다고 명강사는 아니다. 강의 준비부터 실전적이어야 명강사가 될 수 있다.

이렇듯 효과적인 강좌 설계를 위해서는 학습자 분석, 목표 설정, 교수-학습 방법, 평가계획 수립, 강좌 구성 등 다양한 요소를 종합적으로 고려해야 한다. 물론 설계과정에서 다양한 도전과 어려움에 직면할 수도 있다. 하지만 학습자 중심의 접근, 체계적인 설계 절차, 지속적인 개선 노력 등을 통해 효과적인 강좌를 기획할 수 있다. 이는 단순히 지식 전달을 넘어 학습자의 역량 향상과 성장을 지원하는 의미 있는 과정이다. 멋진 콘텐츠 설계를 통해 학습자들과 신명나게 만나는 강의 시간은 늘 설렘과 함께한다.

명강사 시크릿 04 강의 실전, 신명 나게 북을 치며 춤추는 광대가 돼라

"재미없는 수업이란 없다. 재미없게 가르치는 강사만 있을 뿐이다." 라고 강사 양성 과정 수업에서 늘 강조한다. 최근 회사 직원 워크숍에서 13시부터 18시까지 오후 시간대에 공문서와 보고서 기획서 관련 행정 문서 작성 특강을 진행한 적이 있었다. 점심 이후의 졸릴 수 있는 시간대의 워크숍인데다가 업무의 연장선 같은 행정 문서 작성을 위한 5시간 연속 강의 의뢰를 받고 어떻게 풀어 갈까 살짝 고민됐다. 일단 자리 배치가 가장 중요하므로 교육 담당자에게 팀형으로 자리 배치를 요구해 8개 팀으로 사전에 배치를 마쳤다.

오프닝 단계에서는 전체 학습자를 대상으로 스크롤 형식 추첨 PPT 를 만들어 1명을 뽑아 선물을 증정하는 방법으로 분위기가 고조시켰다. 이어 교육은 게이미피케이션 방식으로 운영했다. "특명! 복돼지를 사수하라."라는 슬로건으로, 팀별로 똑같은 개수의 복돼지를 배분했다. 팀별로 퀴즈를 맞힐 때마다 복돼지를 뺏고 빼앗기면서 학습자 전원이 즐거운 경쟁 속에서 교육에 빠져들었다. 꼭 알고 넘어가야 할 중요한 부분이지만 재미가 없을 것 같은 부분은 퀴즈 형식으로 만들어 팀별 대결형식으로 풀어나간다. 그러면 학습자의 자발적인 참여로 재미없는 내용도 재미있는 수업으로 진행할 수 있다.

강의 중간중간의 단락별 요약이나 마무리 요약 시에도 팀별로 발표 대결을 활용하면 더욱 재미있고 유익한 수업으로 이끌어 갈 수 있다. 이때 발표 내용에 긴장감을 주고 모두가 집중할 수 있도록 하기 위해서는 앞에 발표한 내용을 중복할 때는 감점을 하는 방식을 활용하면 좋다. 그리고 반드시 중요 포인트 내용은 강사가 핵심을 콕콕 집어 족집게 요약을 해준다. 5시간 정도 길이의 강의라면 재킷 하나 정도 더 챙겨가 쉬는 시간에 바꿔 입고 분위기를 일신하는 것도 좋은 방법이다. 학습자들은 이러한 강사의 세심한 준비에 감동할 것이다.

이렇듯 강사와 학습자가 하나가 되어 신명 나게 춤판을 벌이듯 강의가 진행되고 나면 학습자들의 표정만 봐도 오늘 교육이 어땠는지 알 수 있다. 오늘 보고 배우고 느낀 교육 소감을 물으면 미소 가득한 얼굴로 "너무 재미있었어요. 시간이 너무 짧아요."라는 말이 나오게 된다.

부산에서 사내 강사 양성 심화 과정으로 1박 2일, 16시간 강의를 맡아 혼자서 진행한 적이 있었다. 그 당시 허리 디스크 때문에 소변 한

방울 못 볼 정도로 꼼짝도 할 수 없어 병원에 열흘 정도 입원해 있다가 강의를 위해 하루 전날 퇴원했다. 그리고는 2박 3일 일정으로 부산에서의 강행군 일정을 소화했다. 그때의 기억은 평생 잊지 못할 기억으로 남을 것 같다. 건강이 회복되지 않은 상태여서 소지품을 넣은 짐조차 들 수 없어 급하게 도움 강사를 구해 동행했었다.

기운이 없다 보니 손가락이 부들부들 떨릴 정도로 컨디션이 바닥이었다. 하지만 강의가 시작되고 마이크를 잡는 순간은 몸이 솜털처럼 가벼워지고 언제 아팠냐는 듯 신들린 사람처럼 강의에 몰입하게 됐다. 그러다 쉬는 시간이 되면 손이 바들바들 떨리고 온몸에 기운이 빠져나간 모습을 들키지 않으려고 책상을 힘겹게 꼭 붙잡고 있었다. 그렇게 이틀을 꼬박 강의에 미친 광대처럼 온몸으로 몰입해 학습자들과 함께했다. 아픈 모습을 학습자들에게 들키지 않았다.

학습자들은 높은 만족도를 보였다.

"그렇게 애타게 찾던 명강사를 이렇게 만나 뵈었다. 내년부터 한층 더 업그레이드될 것 같다."

"이틀 동안 수많은 울림과 생각을 하게 해주셔서 감사하다. 앞으로 미션이 아닌 가치를 찾아가 보겠다."

"이틀의 길지 않은 시간이었지만 멋진 책을 한 권 읽은 기분이다."

"필요한 내용들을 핀셋 과외를 받은 느낌이다."

"2021년 크리스마스이브는 김순복 명강사님으로 인해 영원히 기억에 남을 듯하다."

아픈 몸이었지만 강사인 나 또한 이틀 동안 치유 받는 느낌이었다.

정신까지 몽롱한 상태에서 기차 시간을 착각해 예매를 잘못한 탓으로 강의를 마치고 역으로 갔는데 예매했던 표가 없었다. 아침 시간으로 예매를 잘못해 이미 표가 사라진 상태였다. 지친 몸으로 저녁도 굶어가며 입석으로 부랴부랴 올라와 한국강사교육진흥원에서 진행하는 크리스마스이브 연말 축제인 줌(ZOOM) 행사에 참여했다. 아픈 몸으로 이틀을 꼬박 강의하고 입석으로 올라온 탓에 책상에 앉아 있을 기력조차 없었지만, 긴장감을 놓지 않았다. 떨리는 두 손으로 책상을 꼭 붙들고 얼굴에는 상냥한 미소를 보내며, 정신 바짝 차리려 무진장 애썼던 기억이 난다. 그렇게 회원들과 늦은 밤까지 랜선으로 함께 했었다. 이 기억은 아마도 평생 잊지 못할 것 같다.

청중은 강사의 거울이다.

청중의 모습에서 나를 볼 수 있어야 한다. 강사 양성 과정에 뛰어들어 한국강사교육진흥원을 설립한 이유가 있다. 강사가 되고자 끌림으로 찾아온 이들에게 울림으로 화답하며, 변화를 꿈꾸게 하는 진정성 있는 리더다운 리더가 되고 싶었기 때문이다. 늘 강조하는 "사람이 재산이다."라는 말처럼 함께라는 울타리 속에서 강사 회원들과 진정으로 서로를 위하며 서로에게 울림이 있는 끌림 속 울림의 행복한 동행을 이어가고 싶다. '끌림 속 울림의 행복한 동행'은 내 강의 주제이기도 하다.

"강사는 관객을 울고 웃게 만들어야 하는 광대다." 강사의 말 한마디가 그들의 인생을 바꿔 놓을 수도 있다. 내 강의를 듣는 수강생들의 바람직한 변화된 삶까지 환산하면 강사인 나의 강의력은 100억짜리 아니 1,000억짜리보다 더 값진 돈으로 환산할 수 없는 강의력이 된다. 누군가의 앞에서 마이크를 잡는다는 것은 그만큼 책임감이 따르는 일이다. 마이크를 잡는 순간은 그들이 원하는 단 한 가지라도 채워줄 수 있어야 하는 것이 강사다. 전쟁터에서 군인이 총을 놓을 수 없듯이 강사는 강의 준비부터 마무리까지 사명감을 무기 삼아 인성과 실력으로 똘똘 뭉쳐 있어야 한다.

강사는 수강생들 덕분에 모든 순간을 허투루 살 수 없다. 긴장을 늦추지 않고 참다운 인생의 주인공이 되어 늘 진취적인 모습으로 살아가는 것이 바로 강사의 삶이다. 이 얼마나 행복한 일인가? 다시 태어나도 강사로 살고 싶은 나는 뼛속까지 강사다. 이렇게 청중을 계속 만날 수 있는 것은 '김순복'이란 강사가 브랜딩이 되어있기 때문이다. 강의력만큼이나 청중과 강사의 오작교가 되어 줄 강사의 브랜딩도 중요하다.

청중과의 연결고리를 만드는 강사 브랜딩 전략

뼛속까지 강사인 나, 나만의 강사 브랜딩과 사람의 마음을 움직일 수 있는 전략을 공개하고자 한다. 강사인 나를 세상에 알리는 핵심은 바로 브랜딩이다. 수많은 강사 속에서 나만의 독창성과 전문성을 부각해 청중들의 기억 속에 각인시켜야 한다. 이를 위해서는 첫째로 나만의 강의 스타일과 가치를 명확히 정립해야 한다. 단순히 지식을 전달하는 것이 아니라 청중들의 삶에 실질적인 변화와 도움을 줄 수 있는 강사로 포지셔닝하는 것이 가장 중요하다.

개성 있는 브랜드 아이덴티티를 구축하는 것과 함께 브랜드 네이밍과 올바른 가치관 등으로 나만의 이미지를 구축해 가야 한다. 나의 네이밍은 '변화디자이너'다. "나로 하여 누군가 변화된다는 것은 세상에서 가장 가치로운 일이다."라는 가치관으로 강의에 임하는 '변화디자이너 김순복 강사'라고 오프닝에서 소개한다. 또한 "이 시간, 여러분의 변화를 책임지겠습니다."라고 자신감 있게 덧붙인다. 자신감 있는 강의를 위해서는 내 전문 분야로 학습자의 바람직한 변화를 주도해야 한다.

강의를 처음 시작할 때 "강의 분야가 뭐예요?"라는 질문을 받은 적이 있었다. "다 합니다." 정말 위험한 대답이었다. 초보 강사가 강의 분야가 얼마나 많은데 겁도 없이 그걸 다 한다 했으니 얼마나 기가 찰 노릇인가? 지금 생각하면 강사로서 전문성이 없었던 참 부끄러운 초보 강사 시절의 대답이었다.

"아니, 전문 분야가 뭐냐고요?" 전문성이 있는 분야가 없었기 때문에 딱히 할 말이 없었다. 강의 분야는 할 수 있을 것 같은 분야가 아니라 내가 가장 잘하는 나만의 아이덴티티를 구축할 수 있는 전문 분야를 이야기해야 한다. 여기저기서 민간 자격증을 취득하여 보유하고 잇다고 그것이 다 내 강의 분야가 되는 건 아니다. 나만의 독창성과 전문성을 발휘해 강의 스타일을 개발하고 강의 콘텐츠를 구축해야 한다.

그 다음 단계는 개인 브랜드 구축이다. SNS, 온라인 채널 등을 적극 활용해 나만의 브랜드를 구축해 나가야 한다. 정기적으로 콘텐츠 게재와 청중들과의 적극적인 소통을 통해 신뢰를 쌓아가는 모습을 보이는 것이 핵심이다. 나아가 유명 매체와의 협업, 저서 출간 등을 통해 강사로서 영향력을 확대해 나가는 것도 효과적인 인지도 확보 전략이 될 것이다.

"당신은 SNS상에서 유령인가? 아니면 강사인가?"라고 강사 대상으로 하는 인지도 마케팅 강의에서 화두를 던지곤 한다. 입소문으로 지인 추천으로 오프라인으로만 입지를 굳혀가는 시대는 이미 끝났다. 인공지능(AI) 혁명 시대에 살고 있는 이때, 언론 매체와 온라인 채널 SNS를 통해 인지도를 굳혀가는 것이 청중과 만나는 기회가 늘리는 지름길이다. 교육 담당자가 처음부터 나의 이름을 검색해서 요청하는 경우는 없다. 오히려 언론 보도와 블로그를 통해 강의 요청을 받는 경우가 많다. 교육 담당자가 기관에서 원하는 콘텐츠를 검색했을 때 내 콘텐츠와 맞아야 하고 강사인 내가 자동으로 노출될 수 있도록 전략을 세워야 한다. 무조건 SNS상에 글을 많이 올린다고 노출이 되지는 않는다. SNS 상위 노출 전략은 주요 키워드와 핵심 키워드의 조합이다. 내가 교육 담당자라면 내가 하는 강의 콘텐츠의 강사를 찾을 때 어떤 키워드로 검색해 볼 것인가를 염두하고 글을 작성하길 바란다.

공신력이 있는 언론 노출 방법도 강사로 인지도를 높이기에 최적의 방법이다. 입소문으로 소개로 강사를 추천받았어도 교육 담당자는 그 강사가 어떤 강사인지 검색을 해보기 마련이다. 교육 담당자의 요구에 맞게 언론 보도나 SNS상에 노출이 되어 있다면 학습자를 만나는 기회를 얻게 될 것이다. 인물 등록 또한 브랜딩에 매우 중요한 역할을 한다. 인물 등록을 통해 경력뿐만 아니라 최근 활동과 최근 영상이 연계되어 내 블로그와 유튜브 노출, 저서 등의 활동상을 한눈에 볼 수 있기 때문이다.

세 번째는 강사 이미지 관리다. 평판을 쌓는 데는 수십 년이 걸리지만 무너뜨리는 일은 한순간이다. 일관된 퍼스널 브랜딩을 통해 신뢰성 있는 강사 이미지 구축이 중요하다. 외모와 복장 태도 등 세부적인 부분까지도 신경 쓰고 관리해야 한다. 강의 현장에서의 전문성과 카리스마를 발휘하는 것도 중요하다.

네 번째는 청중들의 니즈를 반영한 차별화된 맞춤형 강의 프로그램 개발이다. 강의 내용뿐만 아니라 청중들의 만족도와 호응도를 높일 수 있는 요소를 도입해 진행 방식에서의 차별성을 확보해야 한다.

마지막으로 지속적인 자기 계발과 혁신이 필요하다. 끊임없이 자신을 업그레이드하고 새로운 강의 기법을 시도해야 한다. 변화하는 시대와 청중들의 요구에 민첩하게 대응해야 한다.

이처럼 차별화된 전문성, 지속적인 브랜드 관리, 청중 중심의 접근, 그리고 혁신적인 자기 계발이 강사 브랜딩의 핵심 포인트라 할 수 있다. 내 강의 전문 분야는 대기업의 사무 행정 경력과 교육청의 교육행정 경력을 살려 올바른 행정 문서 관리인 '공문서 작성법'이다. 더 나아가 변화하는 시대에 맞춰 개발한 '인공지능 챗GPT 등을 활용한 사무업무 효율화'를 함께 진행하고 있다. 언론 매체인 한국강사신문에 '김순복의 올바른 공문서 작성법'의 주제로 칼럼을 연재 중이다. 또한 한국강사교육진흥원 원장과 가천대하교 명강사 최고위 과정 책임교수로서 강사 양성 경험을 바탕으로 한 전반적인 강사 양성 과정이다. 이렇듯 자신의 전문 분야는 다년간 경험했거나 경험하고 있는 분야로 선택하는 것이 좋다.

공문서 작성법과 강사 양성 분야를 SNS와 언론 보도 자료로 계속 업로드하여 전문 강사로 입지를 다져가며 내 브랜드로 구축해 가고 있다. 그러다 보니 이제는 블로그 포스팅이나 언론 보도 노출을 보고 강의 의뢰가 들어오는 경우가 대부분이다. 샘플 강의를 볼 수 있도록 유튜브 등에 강의 영상을 올리는 것도 좋다. 블로그, 유튜브, 페이스북, 인스타그램 등 다양한 SNS 채널을 활용하여 내 콘텐츠를 지속해서 올려 고객과 신뢰성을 쌓아가는 창구로 활용하는 마케팅 전략을 펼칠 수 있어야 한다. 그래서 이제는 전문 분야가 무엇이냐고 물으면 자신감 있게 '공문서 작성법'과 '강사 양성 과정'이라고 떳떳하게 말할 수 있게 됐다.

강사로서의 수요를 창출하기 위해서는 시장 분석을 통해 잠재 수요를 파악하고, 이에 부합하는 강의 프로그램을 개발해야 한다. 단순히 내가 잘하는 분야의 강의를 제공하는 것이 아니라, 시장의 니즈를 정확히 읽어내 그에 맞는 솔루션을 제시해야 한다. 강의 후기와 평가관리에도 힘써야 한다. 또한 다양한 마케팅 채널을 통해 강의 정보를 적극적으로 알려 나가야 한다. 이와 같은 방법으로 강사 활동을 통해 개인 브랜드를 구축하면 지속적인 강의 수요 확보가 가능할 것이다.

이제는 강사로서의 나만의 브랜드와 수요를 창출하는 단계에 와 있다. 앞으로도 변화하는 시장 환경 속에서 끊임없이 혁신하며, 청중들에게 더 큰 가치를 전달할 수 있는 강사가 되고자 노력해야 한다. 그리고 강사로서 더 큰 꿈과 비전을 장착해 쉼 없이 발전시켜 나가야 한다.

뼛속까지 강사인 나, 강사로서의 꿈과 비전

나의 꿈은 '강의 현장에서 죽는 것'이다. 나의 꿈이 죽는 것이라니 무슨 그런 꿈이 다 있냐고 물을 수 있겠지만, 그만큼 '나는 뼛속까지 강사다.'라는 증거다. 열렬하게 강의를 사랑하고 열정적으로 강의 현장을 누비며 나의 학습자들과 죽는 순간까지도 함께하고 싶다는 열망을 담은 말이다. 학습자들과 소통하며 그들의 성장을 끌어내는 것은 나에게 있어 가장 큰 보람이자 내가 살아가는 이유가 된다.

앞으로도 지속적인 자기계발과 전문성 향상을 통해 수업의 질적 향상을 도모할 것이다. 새로운 교수법과 스킬을 익혀 학습 효과를 극대화하고 그들의 삶에 바람직한 긍정적인 영향을 미치는 강사다운 강사가 될 것이다.

이 책을 통해 내가 꿈꾸는 강사로서의 비전과 포부가 전달되었기를 바라며, 강단에 선 나의 모습이 독자 여러분에게 희망과 용기를 주었으면 한다. 앞으로도 학습자들과 함께 성장하며 강사로서의 꿈을 지속해서 실현해 나갈 것이다.

"나는 강사인 나의 삶을 사랑하며, 동시에 내가 아는 모든 사람을 사랑한다. 오늘도 이 책을 들고 있는 그대에게 행복한 변화의 바람이 불기를."

02

영화로 찾아보는 나의 가치

강병찬

주요 경력

- (주)한국강사교육진흥원 교육운영본부장
- 가천대 명강사 최고위과정 운영교수
- 행정안전부 안전교육전문인력강사
- 한국건강증진개발원 흡연예방교육강사
- 전)성남시청 평생교육사

명강사 시크릿 01 새로운 가능성을 향한 첫걸음

35년간 대한민국 공군에서 항공기 정비사로 군 생활을 하며, 나는 하늘과 기계의 소리를 들으며 살아왔다. 2021년 2월 퇴역 후, 우연히 접하게 된 영화 인문학은 내 인생에 또 다른 전환점이 되었다. 이 새로운 도전은 나에게 두려움을 넘어서 새로운 가능성을 열어주었다.

'영화인문학', '민방위 교육', '흡연 음주 예방 교육', '안전교육' 강사로서의 길은 나에게 도전과 기쁨을 안겨주었다. 나는 군 생활 중 쌓은 교관으로서의 경력과 경험을 바탕으로 자연스럽게 강사의 길을 걷게 되었다. 강사로서의 재능과 관심은 수많은 사람과 소통하고, 그들의 삶에 긍정적인 영향을 미칠 수 있도록 해주었다.

나는 영화 속 다양한 경험, 생각, 문화, 인생을 사람들과 함께 탐구하면서, 영화 속 숨겨진 가치를 발견하고 이를 안내하는 영화 인문학 강사의 길을 걷고 있다. 영화는 단순한 오락이 아니라, 우리가 겪는 다양한 감정과 상황을 반영하며, 때로는 인생의 중요한 교훈을 전달하기도 한다. 영화를 통해 사람들과 함께 성장하고 깨달음을 얻는 것이 내 목표이다.

나는 사람들이 영화 속 이야기를 통해 자신의 삶을 성찰하고, 더 나은 삶을 위한 가치를 발견할 수 있기를 바란다. 각자의 경험과 배경 속에서 영화가 주는 메시지를 발견하고, 이를 통해 삶의 깊이를 더하는 과정이 나에게도 큰 의미가 있다. 함께 나누는 이 여정이 서로에게 영감을 주고, 더 나은 미래를 향해 나아가는 힘이 될 것이라고 믿는다.

명강사 시크릿 02 열정과 소명 의식으로 빛나는 강사의 길

군 생활을 35년간 성실히 수행한 후, 인생 2막을 준비하는 과정에서 홀랜드의 직업 성격유형 검사를 통해 나에게 적합한 직업을 찾고자 했다. 검사 결과, 나의 성향이 관습형과 사회형에 맞다는 것을 확인했다. 관습형은 조직적이고 체계적인 업무에 적합하며, 사회형은 사람들과 교류하고 협력하며 타인을 도와주는 직업에 적합하다. 이는 내가 군 생활을 통해 쌓아온 경험과도 일치한다.

나는 이미 정보통신감리, 일반행정사, 외국어 번역 행정사(영어), 소방 공사감리 등의 자격증을 보유하고 있으며, 평생 교육사, 청소년 지도사, 사회복지사 등 교육 관련 자격증도 여러 개 취득하였다. 이러한 자격증은 어린이부터 노인에 이르기까지 다양한 연령층을 대상으로 강의를 진행하는 데 큰 도움이 되었고, 그들의 이해도와 눈높이에 맞춘 강의를 할 수 있는 좋은 밑거름이 되었다. 또한 군 생활을 통해 쌓은 조직적이고 체계적인 업무 능력과 사람들과 소통하며 협력하는 능력은 강사로서의 역량을 더욱 뒷받침할 것이며, 교육 관련 자격증들은 강의 준비와 실행에 필요한 전문성을 제공할 것이다.

군에서의 경험은 나에게 많은 것을 가르쳐주었다. 그중에서도 가장 중요한 것은 책임감과 협동 정신이었다. 이러한 가치 덕에 나의 특성이 관습형과 사회형으로 나오지 않았나 생각한다. 군에서 각종 교육을 기획하고 진행하는 교관으로서의 경험은 나를 강사로 이끌었다.

교관과 강사는 비슷한 역할을 하지만, 중요한 차이점이 있다. 교관은 주로 일방적인 주입식 교육을 통해 훈련생들에게 기초 지식과 기술을 전달하는 역할을 한다. 교관은 군인으로서의 경험과 전문성을 바탕으로, 훈련생들에게 실질적인 기술을 가르치고 안전과 규율을 강조함으로써 그들의 성장을 이끈다. 교관의 교육 방식은 때로는 엄격하게 느껴질 수 있지만, 이는 훈련생들이 군인의 기초를 탄탄히 다질 수 있도록 돕기 위한 것이다.

반면 강사에게는 학습자와 상호 교감하며 공감하는 능력이 필요하다. 강사는 학습자의 다양한 배경과 경험을 이해하고, 이를 바탕으로 맞춤형 교육을 제공하는 데 중점을 둔다. 강사의 역할은 단순히 지식을 전달하는 것이 아니라, 학습자와 정보를 소통하고 함께 성장하는 과정이다. 강사는 학습자가 졸거나 지루해하는 상황을 감지하고, 이를 개선하기 위해 강의 내용을 조정하는 능력이 필요하다.

이러한 차이점은 강사가 교육 현장에서 더욱 중요한 역할을 할 수 있는 이유 중 하나이다. 강사는 학습자의 흥미를 유도하고, 그들의 참여를 끌어내 진정한 이해를 도모할 수 있다. 강의가 단순한 정보 전달이 아니라, 서로의 경험과 생각을 나누는 소통의 장이 되어야 한다는 점에서 강사의 역할은 더욱 중요해진다.

결론적으로 교관과 강사는 각기 다른 접근 방식을 통해 교육의 본질을 전달하며, 학생들의 성장에 기여한다. 교관의 체계적이고 전문적인 교육 방식은 학생들이 기초를 다지는 데 필수적이며, 강사의 상호작용적이고 공감적인 교육은 학생들이 진정한 이해를 할 수 있도록 돕는다. 두 역할은 서로 보완적이며, 교육 현장에서 중요한 가치를 지닌다.

강사는 학습자가 졸면 그것이 강사의 책임임을 알아야 한다. 강의가 재미없거나 지루하기 때문에 학습자가 졸게 되는 경우가 많다. 따라서 강사는 학습자의 요구를 파악하고, 그들이 진정으로 알고 싶어하는 내용을 바탕으로 강의를 준비해야 한다. 학습자와의 소통은 강사의 성패를 좌우하는 중요한 요소이다.

학습자의 이해와 공감을 끌어내기 위해 강사는 끊임없이 자기 계발에 힘써야 한다. 다양한 매체를 통해 정보를 습득하고, 최신 트렌드와 학습자의 관심사를 반영한 콘텐츠를 개발함으로써, 학습자가 강의에 몰입할 수 있는 환경을 조성해야 한다.

강사는 자기 계발을 위해 시간과 노력을 아끼지 않아야 하며, 빠르게 변화하는 시대에 적합한 강의자료를 만들고 AI^(인공지능)와 같은 최신 기술을 활용할 수 있는 능력을 키워야 한다. 또한 자신만의 노하우를 바탕으로 학습자를 사로잡을 수 있는 교육 계획과 교안을 마련해야 한다. 이는 강사의 성장과 학습자의 이해를 동시에 증진하는 데 필수적이다.

경험을 바탕으로 한 강의는 학습자에게 큰 가치를 제공할 수 있다. 군에서 쌓은 경험과 다양한 자격증을 통해 얻은 지식과 기술을 학습자들과 나누며, 그들의 성장에 기여하고자 한다. 이를 위해 끊임없이 공부하고 정보를 업데이트하여, 학습자의 요구에 맞는 강의를 지속해서 제공할 것이다.

강사로의 자질과 마음가짐은 단순히 지식을 전달하는 것에 그치지 않는다. 학습자와의 소통, 이해, 공감, 그리고 지속적인 자기 계발을 통해 강사는 더욱 성장할 수 있다. 이러한 노력이 뒷받침될 때, 강사는 학습자에게 진정한 가치를 제공하고 함께 발전할 수 있다. 결국 강사는 현실에 만족하지 않고 열정적으로 성장하려는 자세를 유지해야 한다. 이는 학습자에게 더 나은 교육을 제공하고, 강사로의 자질을 더욱 발전시키는 데 필수적이다. 나의 여정은 이제 시작이며, 강사로서의 새로운 도전을 통해 학습자와 함께 성장하고, 더 나은 교육을 제공하기 위해 계속 노력할 것이다.

 **03 강의의 무대, 영화의 세계**

강사로서의 첫걸음은 나만의 강의 주제를 찾는 것이다. 이 과정은 자신이 잘 알고 있고, 열정을 느끼는 분야를 탐구하는 것에서 시작된다. 강의 스타일은 개인의 경험과 지식에서 비롯되기 때문에, 주제를 선정하는 것은 매우 중요한 단계이다. 영화 인문학을 주요 강의 주제로 선택하게 된 배경은 오랜 시간 동안 영화에 깊은 관심과 애정이 있었고, 모든 사람의 삶이 마치 하나의 영화와 같다는 생각에서 시작되었다. 영화는 단순한 오락이 아니라, 우리 삶을 비추는 거울이며 때로는 우리가 나아가야 할 방향을 제시하는 안내자이자 나침반이라는 것을 깨달았다. 예를 들어, 영화 〈국제시장〉은 가족과의 약속을 지키기 위한 주인공의 헌신을 통해 진정한 약속의 의미를 담아내고 있다. 또한 〈히든 피겨스〉는 어려운 환경 속에서도 포기하지 않고 꿈을 이루기 위해 노력하는 주인공들의 근면함을 보여준다.

이러한 영화들은 단순한 이야기 속에 삶의 교훈과 방향성을 담고 있어, 관객에게 큰 감동과 영감을 준다. 이러한 영화들이 전달하는 삶의 교훈과 방향성은 나에게 큰 영감을 주었고, 나의 강의 주제와 스타일에 깊은 영향을 미쳤다.

영화 인문학 강사가 되기 위해 나는 다양한 관련 과정을 수료했다. 영화 인문학 강사 자격 취득, 영화 활용 인권 전문가 과정, 영화 품성 독서 지도사 과정 등을 통해 영화에 대한 이해를 넓히고, 영화 속에 담긴 인문학적 요소를 분석하는 능력을 키웠다. 인간의 가치를 연구하는 인문학 공부를 하면서, 영화 인문학에서 가장 중요한 단계인 '무엇을 질문할 것인가?'에 대한 고민을 깊이 있게 하게 되었다.

영화 감상이 단순한 취미였던 시간을 지나, 이제는 영화를 보고, 영화 인문학 강의를 연구하며 관련 교육과정을 완성하는 삶으로 이어졌다. 우리는 각자의 인생에서 다양한 에피소드를 겪으며, 그 순간들이 마치 한 편의 영화처럼 펼쳐진다. 영화는 결국 자기 자신의 이야기이며, 이러한 관점에서 영화 인문학을 통해 사람들의 인생을 깊이 있게 살펴보고자 한다.

특히 나의 군 생활은 공군항공과학고등학교에서 시작되어, 공군 하사로 임관한 후 해외 교육을 받으며 본격적으로 이어졌다. 결혼 후 두 아이의 아빠가 되었고, 진급 누락의 아픔을 겪기도 했지만, 해외 파병을 경험하고 준사관으로 임관하는 모든 과정이 나의 성장에 중요한 역할을 했다. 제대하면서 보국훈장 광복장을 수여 받고, 국가유공자로 선정되는 영예를 안았다. 이러한 경험들은 희로애락(喜怒哀樂)으로 가득 찬 장편 영화와도 같아, 오늘의 내가 있게 한 이야기로 남아 있다.

우리는 매일 새로운 선택과 경험을 하며 살아간다. 이는 영화 속 주인공의 삶과 다르지 않다. 영화 속 주인공도 우리와 같은 감정을 느끼며, 우리는 그들의 이야기를 통해 함께 울고 웃고, 때로는 분노하거나 두려움을 느끼기도 한다. 비록 초능력과 같은 비현실적인 요소가 포함된 장르가 있더라도, 이러한 요소들이 대리만족과 상상의 나래를 펼칠 수 있게 해준다. 우리는 이러한 영화를 통해 현실을 벗어난 경험을 만끽하며 영화 속으로 빠져든다.

이처럼 우리의 삶은 매일 자신의 선택으로 만들어 가는 한 편의 영화와 같다. 나의 교육 목표는 영화 속에 담긴 다양한 메시지와 인문학적 요소를 분석하여 학습자들에게 전달하는 것이다. 영화는 단순한 오락을 넘어 우리 삶에 깊은 통찰을 제공하는 도구이다. 여러 영화를 통해 사회적, 문화적·철학적 의미를 탐구하는 과정은 매우 흥미롭고 유익하다.

강의 주제를 선정할 때는 본인의 경험과 지식을 바탕으로 학습자들에게 유익한 정보를 제공할 수 있는 주제를 선택해야 한다. 영화 속에서 나타나는 인간관계, 사회 구조, 문화적 배경 등을 분석하여 다양한 관점을 제공할 수 있다. 강사는 자신의 전문 지식과 열정을 최대한 활용하여 주제를 풍부하고 깊이 있게 다룰 수 있어야 한다.

영화 인문학 강사로서, 나는 학습자들이 영화를 통해 자신을 성찰하고, 더 나은 삶을 위한 가치를 재발견하길 바란다. 영화를 통해 우리는 자신의 삶을 돌아보고, 사회와 인간에 대한 새로운 관점을 얻을 수 있다. 이러한 과정은 학습자들이 삶의 질을 높이고, 더 나은 선택을 할 수 있는 능력을 갖추게 한다. 영화 인문학은 단순한 지식 전달을 넘어, 학습자들의 삶에 실질적인 변화를 불러올 수 있는 강력한 도구이다.

강의의 성공 여부는 수강생 중심의 구조와 콘텐츠에 달려 있다. 수강생의 요구를 세심하게 파악하고, 그들이 알고 싶어 하는 내용을 바탕으로 강의를 구성해야 한다. 영화의 줄거리뿐만 아니라, 영화 속에 담긴 철학적·사회적·문화적 의미를 함께 분석하는 것이 중요하다. 감독의 의도, 캐릭터의 심리 상태 등을 상세히 분석하여 학습자들이 영화의 메시지를 깊이 이해하도록 돕는다.

노인복지관에서 70대 이상 회원을 대상으로 진행한 영화 인문학 강의에서 발생한 문제는 중요한 교훈을 남겼다. 자막이 있는 외국 영화를 활용했지만, 시력이 저하된 어르신들에 대한 특성을 충분히 고려하지 않았기 때문에 강의가 제대로 진행되지 않았다. 이 경험을 통해 영화 선정 시 학습자의 성별, 나이, 직업 등 다양한 배경을 반드시 고려해야 한다는 점을 깨달았다.

특히 어르신들을 대상으로 할 때는 자막이 없는 한국 영화를 주로 선정하는 것이 효과적이다. 이는 어르신들이 영화를 이해하고 몰입하는 데 훨씬 더 도움이 된다. 어린아이들을 대상으로 애니메이션 영화를 활용하여 진행하고 있으며, 이는 시각적으로도 흥미를 끌고 이야기에 몰입할 수 있는 기회를 제공하고 있다.

이처럼 각 세대의 특성을 반영한 영화 선정은 강의의 성공에 결정적인 영향을 미친다. 학습자의 특성을 충분히 분석하고, 그에 맞는 영화를 선택해 보다 효과적인 교육을 구현하고 있다. 이러한 배려가 이루어질 때, 학습자들은 영화 인문학의 의미를 더욱 깊이 이해하고, 풍부한 경험을 누릴 수 있을 것이다. 또한 수강생들이 강의에 적극적으로 참여할 수 있도록 다양한 토론과 질의응답 시간을 마련해야 한다. 특정 장면을 보여준 후 토론을 유도하거나, 영화 주제에 대해 의견을 나누는 시간을 가지면 학습자들이 강의 내용에 더 몰입할 수 있다.

결론적으로, 수강생 중심의 강의 구조와 콘텐츠는 학습자들이 영화 인문학을 통해 자신의 삶을 성찰하고 깊은 이해를 하는 데 중요한 역할을 한다. 이를 위해 학습자의 요구를 파악하고 맞춤형 강의를 제공하는 것이 필수적이다. 강의자료와 교육 콘텐츠는 강의의 성공을 좌우하는 핵심 요소이다. 효과적인 강의자료를 제작하기 위해서는 목표와 내용을 명확히 정의하는 것이 중요하다. 강의 목표는 학습자들이 무엇을 배우고 어떤 능력을 향상할 수 있는지에 대한 지침을 제공해야 한다.

PPT는 강의의 흐름을 끊지 않고 학습자의 집중력을 높이는 데 중요한 도구이다. 가독성이 높은 폰트를 사용하고, 적절한 배경 서식을 설정하며, 색상을 조화롭게 배치해야 한다. PPT 강의 교안은 강사의 또 다른 얼굴이라고 생각하며 정성을 다해 제작해야 한다. 이를 위해 자격 과정을 수강하고 관련 서적을 통해 반복적으로 연습하고 있다.

영화인문학 강의에서는 주요 장면을 캡처하여 설명하거나 관련 문헌을 참고하여 추가적인 정보를 제공할 수 있다. 감독이 표현하고자 하는 장면의 의미와 캐릭터의 심리 상태를 분석하여 학습자들이 더 깊이 이해할 수 있도록 돕는다. 고화질 영상과 탁월한 음향은 학습자의 집중도를 높이는 데 중요하다. 강의자료와 교육 콘텐츠의 제작은 단순한 정보 전달을 넘어 학습자와의 소통과 공감을 끌어내는 중요한 과정이다. 이를 통해 학습자들이 더 나은 학습 경험을 할 수 있도록 지속해서 노력해야 한다.

마지막으로, 학습자들의 피드백을 적극적으로 수용하고 이를 바탕으로 강의를 개선하는 것이 필요하다. 긍정적인 피드백을 받는 경우 그 이유를 분석하고 유지하기 위해 노력하며, 부정적인 피드백은 겸허히 수용하고 문제점을 개선하기 위한 원인을 분석해야 한다.

명강사 시크릿 04 참여와 재미로 만드는 학습의 향연

처음 강의하는 장소에는 최소 강의 시작 1시간 전에 도착하여 교육 준비를 완료해야 한다. 강의장은 다양한 상황이 발생할 수 있는 곳이므로, 주어진 환경에 맞춰 최선의 강의를 진행하기 위해 여유롭게 도착하여 빔프로젝터, 음향 장비, 좌석 배치 등을 점검하고 교육장 환경을 최적화해야 한다. 강의 시간에 임박해 도착하면 여러 변수에 대처하기 어려울 수 있으므로, 미리 도착해 필요한 모든 준비를 마칠 필요가 있다..

강의는 도착과 동시에 시작된다고 생각해야 한다. 이미 강의장 주변에는 이른 시간에 참석한 수강생들이 있기에 강사는 그들의 시선을 피할 수 없다. 표정, 옷차림, 걸음걸이 등으로 수강생들은 강사를 평가한다. 첫인상에서 밝고 따뜻하며 당당한 모습을 보여주어야 한다. 인사를 나누고 가벼운 대화를 통해 친밀감을 형성하여 수강생들을 나의 편으로 만들어야 한다. 강의 도중 유머를 섞거나, 가벼운 농담을 던지는 것도 좋은 방법이다. 이는 수강생들에게 친근함을 주고, 강의 분위기를 한층 활기차게 만든다.

한 번은 강의 준비를 마무리할 즈음, 80대 어르신 세 분이 스마트 폰으로 무언가를 하며 대화를 나누고 계셨다. 그들은 AI(인공지능) 앱을 활용해 오늘 날씨, 추천 여행지, 환율 등 각종 정보를 검색하며 즐겁게 이야기를 나누고 있었다. 살며시 다가가 인사를 나누고 함께 이야기를 나누는 시간을 가졌다. 이런 상호작용은 강의 시작 전부터 수강생과의 유대감을 형성하는 데 큰 도움이 된다.

강의 중반부쯤, 영화의 한 장면을 시청했다. 그 장면은 시대의 흐름을 읽고 빠르게 대처하는 리더의 모습을 담고 있었다. 강의 시작 전 80대 어르신들이 스마트폰을 활용하시는 모습과 연계하여 강의를 진행했다. "요즘같이 빠르게 변화하는 시대에 적응하기 어려우시죠? 음식점에서 음식을 주문할 때, 영화관에서 팝콘을 주문할 때, 여행을 가기 위해 공항에 가는 버스표를 예매할 때, 무인주문기와 스마트폰을 사용하지 못하면 난처한 상황을 겪을 수 있습니다. 하지만 포기하시면 더욱더 어려움이 생깁니다. 시대의 흐름을 빠르게 읽고 대처한 주인공처럼, 세 분의 어르신 또한 이 시대에 함께 적응하며 소중한 시간을 보내고 계시지 않습니까?"라고 하였더니, 잠시 후 강의장에 울려 퍼지는 함성과 박수 소리에 큰 감동을 하였던 순간이 지금도 잊히지 않는다.

강사는 항상 수강생의 처지에서 생각하고 준비해야 한다. 어린이, 청소년, 성인, 노인 등 대상자의 연령과 상황에 맞춰 연기자가 되어 강의를 진행해야 한다. 공감되는 언어, 목소리 톤, 제스처 등의 변화를 주어 그들의 눈높이에 맞게 전달하는 능력이 필요하다. 어린이를 대상으로 강의를 진행할 때, 영화 속 주인공의 목소리를 흉내 내었더니 아이들이 매우 좋아하고 집중해서 교육에 참여하는 모습이 정말 사랑스럽게 느껴졌다.

강의 중 수강생의 잡담으로 인해 진행에 어려움이 있는 경우가 가끔 있다. 조용히 이야기하는 것도 아니고, 다른 수강생들이 강의에 집중하기 어려울 정도의 소음을 유발한다면 어떻게 대처해야 할까? 다양한 방법이 있겠지만, 나는 이런 경우 그 수강생들에게 다가가 강의와 관련된 질문을 한다. 질문을 통해 함께 학습에 참여하도록 유도하는 것이다. 만약 세 명이 관련되었다면, 한 사람씩 차례대로 질문을 던지고 답변하도록 한다. 한 사람에게만 질문을 하고 강의를 계속 진행하면, 또다시 방해되는 행동이 반복될 가능성이 높다. 관련자 모두에게 질문하면 '아, 집중하지 않으면 질문을 받을 수 있겠구나.'라는 생각을 하게 된다. 이러한 질문을 통한 학습 참여 방법은 모든 수강생에게 좀 더 강의에 참여할 수 있는 분위기를 만든다.

강사로서 강의를 성공적으로 진행하기 위해서는 '인상적이고 기억에 남는 발표 기법'이 매우 중요하다. 이는 청중의 관심을 끌고, 강의를 효과적으로 전달하기 위한 필수적인 요소이다. 다음은 인상적이고 기억에 남는 발표를 위해 사용하는 몇 가지 방법이다.

첫 번째는 강의의 시작과 끝의 강렬함이다. 강의의 첫 몇 분은 청중의 관심을 끌기에 가장 중요한 시간이다. 최근의 이슈, 놀라운 통계, 흥미로운 질문 등을 사용하여 청중의 호기심을 자극해야 한다. 예를 들어, 영화배우들의 이미지를 실루엣으로 처리하여 그 정체를 맞추게 하거나, 영화 포스터를 조금씩 보여주며 제목을 맞추게 하는 방식이 있다. 또는 오늘의 영화와 연관된 사자성어를 활용하여 초반 분위기를 완전히 사로잡는 것도 좋은 방법이다.

강의는 마무리 또한 매우 중요하다. 강렬한 메시지나 감동적인 이야기를 통해 수강생에게 강한 인상을 남겨야 한다. 예를 들어, 영화 속에서 가장 기억에 남는 대사나 장면에 대해 이야기하며, 이 영화에서 얻었던 가치를 확실하게 전달하는 것이 효과적이다.

두 번째는 시각적 자료의 효과적 사용이다. 시각적 자료는 강의를 보완하고 청중의 이해를 돕는다. 특히 강의 표지의 중요성은 간과할 수 없다. 강의 교안을 준비할 때, 표지는 정적인 글자와 이미지만 사용하지 않고 영상과 음악을 활용하여 제작해야 한다. 강의의 시작을 알리는 표지는 마치 강의에 대한 현관과 같은 역할을 한다. 건물에 들어가기 위해 반드시 현관을 거쳐야 하듯이, 모든 강의의 시작도 표지를 통해 이루어진다.

강의 시작 전에 수강생들에게 표지를 보여주면, "우와~ 마치 극장에서 영화를 보는 느낌입니다."라는 감탄과 함께 "강의가 너무 기대됩니다."라는 반응이 이어진다. 이러한 반응은 영화인문학 강의에서 공통으로 나타나는 현상이다. 이는 강의에 대한 궁금증과 기대감을 불러일으키는 데 큰 도움이 된다. 강의장 분위기에 맞는 음악과 표지에 적절한 애니메이션을 추가하면, 수강생들에게 시각과 청각을 동시에 즐겁게 해줄 뿐만 아니라, 강의에 대한 기대치를 높이는 일거양득의 효과를 얻을 수 있다.

슬라이드는 단순하고 명확하게 디자인해야 하며, 텍스트는 최소화하고 이미지와 그래프를 활용하여 시각적으로 표현해야 한다. 동영상과 슬라이드의 적절한 조화가 없으면 매끄럽게 강의를 진행하기 어렵다. 또한 적절한 애니메이션은 청중의 관심을 끌고 정보를 효과적으로 전달하는 데 도움이 되지만, 과도한 사용은 오히려 집중력을 떨어뜨릴 수 있으므로 주의해야 한다.

세 번째는 수강생들에게 질문을 던짐으로써 그들의 생각을 자극하고 주제에 대한 깊은 이해를 유도하는 것이다. 예를 들어, "과거의 한 시점으로 돌아갈 수 있다면 당신은 언제로 돌아가고 싶은가요?"라는 주제로 이야기를 나눌 때, 개인적인 사례를 통해 강의를 이끌어 가며, 수강생들도 본인의 경험을 이야기할 수 있도록 유도하고 있다.

"저의 경험을 이야기하자면, 결혼 초기에 아내와 의견 차이로 크게 다툼을 벌였던 적이 있습니다. 지금 생각해 보면 왜 그때 차분하게 대화를 나누지 않고 화부터 냈는지 아쉬움이 남습니다. 당시에는 서로의 입장을 충분히 이해하지 못하고 감정적으로 대응했던 것 같습니다. 그때 일을 생각하면 너무 마음이 아프고 미안한 마음이 듭니다. 만약 그 순간으로 다시 돌아갈 수 있다면, 서로의 감정을 존중하고 이해하는 방향으로 대화를 나누었을 것입니다. 그렇게 했다면 많은 오해와 갈등을 피할 수 있었을 것입니다. 하지만 현실적으로 그때로 돌아갈 수 없기에, 현재를 살아가면서 서로를 이해하고 아끼며 살아가는 것이 중요하다고 생각합니다. 지금은 그 경험을 통해 배운 점을 바탕으로 더 성숙하게 대처하려고 노력하고 있습니다."

이러한 방식으로 질문을 던지면, 수강생들은 본인의 경험을 공유하며 강의에 더욱 적극적으로 참여하게 된다. 또한 이러한 질문과 토론은 수강생들 간의 다양한 관점을 공유하고 서로의 의견을 존중하는 기회를 제공한다. 이는 단순한 정보 전달을 넘어, 수강생들이 스스로 사고하고 의견을 나누는 능력을 기르는 데 큰 도움이 된다. 소그룹 토론 시간을 마련하거나 특정 주제에 대해 찬반 토론을 진행하면, 수강생들의 참여가 더욱 활발해질 것이다.

결국, 질문과 토론을 통한 소통은 강의의 몰입도를 높이고, 수강생들이 주제에 대해 더 깊이 이해하고 공감할 수 있게 하는 중요한 방법이다. 이를 통해 강의는 단방향적인 정보 전달이 아닌 상호작용을 통한 풍부한 학습 경험으로 발전할 수 있다. 이러한 방식으로 강의를 진행하면 수강생들은 본인의 경험을 바탕으로 더 많은 것을 배우고, 서로의 이야기를 통해 새로운 시각을 얻을 수 있을 것이다.

명강사 시크릿 05 청중의 마음을 사로잡는 강사 브랜딩 기법

나만의 강사 브랜드를 만들어가기 위해 강사는 자기 계발과 역량 강화를 위해 끊임없이 노력해야 한다. 그런 노력의 일환으로 가천대학교 평생교육원에서 진행했던 〈신중년! 나도 강사다(5060 신중년 교육 프로그램)〉에 참여하게 되었다. 이 프로그램은 은퇴 후 노후 설계에 따른 일자리 콘텐츠 발굴을 위해 성남 시민을 위한 지원사업이다. 15주 과정으로 매주 3시간씩 생애 설계 콘텐츠 찾기, 상위 노출 블로그 작성, 프로필 및 전자 명함 만들기, 강의 시연 피드백 코칭 등 다양한 교육 내용을 포함하며, 출석률이 80% 이상일 경우 가천대학교 총장 명의의 수료증이 수여된다.

그동안 강사의 역량 강화를 위해 관련 서적과 유튜브, 인터넷 검색 등을 통해 학습해 왔지만, 체계적인 학습 방법에 대한 아쉬움이 항상 있었다. 그러던 중 인터넷 검색을 통해 '신중년! 나도 강사다.' 교육과 정을 알게 되었고, 그 기회를 놓치지 않고 참여하게 되었다. 매주 새로운 배움의 기쁨과 성취감으로 가득 찬 나날이 이어졌다.

교육과정 중 강사 브랜딩 시간이 있었고, 나만의 브랜드네임을 정하는 것이 과제였다. 나는 그동안 '등대와 나침반 같은 안내자'라는 브랜드네임을 사용해 왔지만, 좀 더 간결하고 명확한 이름을 찾고 싶었다. 며칠 동안 고민한 끝에 '가치 안내자'라는 이름이 떠올랐다. 나의 강의를 듣는 모든 사람의 가치를 찾아 주는 '가치 안내자'라는 이름이 아주 마음에 들었다.

이 브랜드네임은 단순한 이름 이상의 의미를 담고 있다. 나는 강의에서 수강생들이 자신의 가치를 발견하고, 이를 통해 더 나은 삶을 살아갈 수 있도록 도와주고자 한다. 이 과정에서 수강생들과의 신뢰를 쌓고, 그들이 필요로 하는 정보를 제공함으로써 더욱 깊은 연결을 만들어갈 계획이다. 강사로서의 나의 역할은 단순히 지식을 전달하는 것이 아니라, 수강생들이 자신만의 가치를 찾고 이를 실현할 수 있도록 안내하는 것이다.

앞으로도 나는 '가치 안내자'로서의 역할을 충실히 수행하며, 더 많은 사람에게 가치를 전달하고자 한다. 강사로서의 나의 여정은 이제 시작이다. 이 과정을 통해 얻은 배움과 경험을 바탕으로, 수강생들에게 더 나은 강의를 제공할 것이며, 나아가 강사로서의 나의 브랜드를 더욱 확고히 다질 것이다. 나의 목표는 단순히 강의하는 것을 넘어, 사람들에게 그들의 가치를 발견하고 실현할 수 있도록 돕는 진정한 '가치 안내자'가 되는 것이다.

강사는 자신의 콘텐츠가 SNS에서 널리 알려지고 상위에 노출되도록 해야 한다. 이를 위해 청중의 관심사를 정확히 파악하고, 그에 맞는 콘텐츠를 제공해야 한다. 그래야 고객들이 원하는 강의를 검색할 때 해당 강사를 쉽게 발견하고 섭외할 가능성이 높기 때문이다. 이러한 상위 노출은 강사 자신이 반드시 해야 할 일이다. 강의 콘텐츠가 다양한 방법으로 노출된다면, 많은 사람에게 알려지게 되고 인지도가 높아질 수밖에 없다.

온라인 마케팅 전략의 첫 번째는 네이버 인물 등록이다. 대다수의 교육 담당자는 포털 사이트를 통해 강사에 대한 정보를 찾는 경우가 많은데, 그중에서도 네이버를 많이 이용한다. 만약 네이버에서 강사에 대한 정보를 검색할 수 없다면 섭외되기 어려울 것이다.

두 번째는 네이버 블로그이다. 블로그는 글, 사진, 영상 등의 정보를 제공하는 대표적인 SNS로, 강사의 강의 콘텐츠를 체계적으로 작성하여 홍보할 수 있는 좋은 플랫폼이다. "강병찬 강사님이시죠? 블로그 보고 연락드립니다." 블로그를 운영하니 다양한 곳에서 문의 전화가 온다. 블로그에 자신의 콘텐츠를 상위 노출하기 위해서는 몇 가지 전략을 활용해야 한다.

먼저 키워드 연구가 중요하다. 블로그 주제와 관련된 주요 키워드를 조사하여 사람들이 많이 검색하는 키워드를 파악하고, 이를 제목과 본문 등에 자연스럽게 삽입해야 한다. 또한 독창적이고 깊이 있는 내용을 포함하여 독자들의 관심을 끌고 머무는 시간을 늘려야 한다.

블로그를 정기적으로 업데이트하여 새로운 콘텐츠를 추가하는 것도 중요하다. 꾸준한 포스팅은 검색 엔진이 블로그를 자주 방문하게 만들어 상위 노출될 수 있다. 독자들과의 소통을 강화하여 블로그의 활발한 활동을 유지하는 것도 필요하다. 댓글에 적극적으로 답변하고, 피드백을 반영하여 콘텐츠를 개선해야 한다. 이러한 전략들을 종합적으로 적용하면 블로그 콘텐츠의 상위 노출 가능성을 높일 수 있다.

청중의 마음을 사로잡기 위해서는 첫째, 그들의 필요와 관심사를 이해하고, 이를 바탕으로 맞춤형 강의 콘텐츠를 개발해야 한다. 그들의 필요와 관심사를 이해하고, 이를 바탕으로 맞춤형 강의 콘텐츠를 개발해야 한다. 설문 조사나 인터뷰를 통해 청중의 요구를 직접 파악하는 것도 좋은 방법이다.

두 번째, 강의가 제공하는 고유한 가치를 명확히 전달해야 한다. 다른 강의와 차별화되는 점, 즉 내 강의만의 독특한 장점과 혜택을 강조하는 것이 중요하다. 이는 교육 담당자 등 고객이 강의를 선택하는 데 중요한 요소가 된다.

세 번째, 강의를 수강한 사람들의 후기와 추천을 적극 활용해야 한다. 긍정적인 피드백은 강의의 신뢰도를 높이고, 새로운 수강생을 유도하는 데 큰 도움이 된다. 강의 후기를 블로그나 소셜 미디어에 공유하고, 추천 프로그램을 운영하여 수강생들이 다른 사람들에게 강의를 추천하도록 유도할 수 있다. 강의의 질을 지속해서 향상하는 것도 중요하다. 최신 정보를 반영하여 강의 내용을 업데이트해야 한다. 높은 품질의 강의는 자연스럽게 입소문을 타고 더 많은 수강생을 유도할 수 있다.

뼛속까지 강사인 나, 강사로서의 꿈과 비전

강사로서의 꿈과 비전을 이루기 위해서는 끊임없는 노력과 열정이 필요하다. '가치 안내자'라는 브랜드네임을 가진 나는 교육의 가치를 깊이 이해하고, 수강생들에게 진정으로 도움이 되는 강의를 제공하는 것을 가장 중요한 목표로 삼고 있다. 이를 위해 지속해서 전문성을 향상하고, 수강생들의 요구에 귀 기울여 강의를 개선해 나가야 한다.

강의 수요를 창출하고 확보하는 과정은 단순한 홍보를 넘어서, 수강생들과의 신뢰를 쌓고 그들의 성장을 이끄는 과정이다. 뼛속까지 강사인 나는 지식 전달에 그치지 않고, 수강생들이 본인의 잠재력을 최대한 발휘할 수 있도록 돕는 데 집중하고 있다. 특히 '가치 안내자'로서 수강생들 속에 숨어있는 보석 같은 가치를 찾아내고 발휘할 수 있도록 돕는 것이 나의 사명이다. 나는 선한 영향력을 끼치는 강사로서, 수강생들이 긍정적인 변화를 경험할 수 있도록 노력하고 있다.

강사로서의 꿈과 비전을 향해 나아가는 길은 쉽지 않지만, 그 과정에서 많은 사람에게 긍정적인 영향을 미칠 수 있다는 점에서 보람찬 여정이다. 수강생들의 성공과 성장은 곧 나의 성과이며, 이를 통해 강사로서의 꿈을 이루고자 한다.

수강생들과의 성장을 통해 교육의 힘으로 세상을 변화시키고자 하는 여정을 계속해 나가고자 한다. 끊임없는 배움과 도전을 통해 더 나은 강의와 교육을 제공하는 강사로 거듭나기를 희망한다. '가치 안내자'로서, 나의 강의를 듣는 모든 사람이 본인의 내면에 숨겨진 가치를 발견하고, 그 가치를 최대한 발휘할 수 있도록 돕는 강사가 되기를 바란다. 이를 통해 더 많은 이들에게 선한 영향력을 전파하고, 교육의 힘을 바탕으로 긍정적인 변화를 끌어내는 강사로서의 내 비전을 실현할 것이다.

03

격이 다른 강사가 되는 비법

김지은

주요 경력

- 메이저스피치교육원원장
- 장안대학교 서비스경영과 겸임교수
- MBC 방송예술원 교수
- MBN 매일경제 TV, TBS교통방송,
- iMBC 아나운서/MC/리포터
- 조달청 입찰 PT 전문프레젠터

누구나 할 수 있지만 아무나 할 수 없는
시작의 힘

나뭇잎 사이로 빗방울이 후드득 떨어지는 어느 날, 제2의 꿈을 이루기 위해 잘 다니던 대기업 인사팀을 박차고 나왔다. 4년 가까이 근무한 직장이기에 퇴사는 불안한 미래였고, 새로운 꿈은 무모한 도전이었다. 나는 아나운서가 되고 싶었다. 만약 꿈을 이루지 못한다면 '말'을 업으로 삼아 살아가겠다는 것이 목표였다.

그때부터 도전은 시작되었다. 리포터, 취재기자, 리디오 DJ, 지역 방송 아나운서, 행사 진행 MC, 더빙, 단역배우를 하며 실력을 쌓기 위해 문을 두드렸고 고가의 비용과 시간을 교육원에 쏟아가며 계속 배워나갔다. 그 당시 나의 별명은 직업을 4개 가지고 있다고 해서 '포잡러(four jobrer)'로 불리었다. 지금처럼 프리랜서가 활약하던 시대가 아니었기에 나는 그저 공채에 합격하지 못한 방송인 지망생이었을 뿐이었다.

뜨거운 열정만큼 더운 날씨였던 26살 여름, 지인을 통해 병무청에서 강의 제안을 받아 처음 강사로 서게 되었다. 방송만큼이나 흥미 있고 적성에 맞는 일을 찾은 것 같아 가슴이 뛰었다. 그때부터 기업체, 관공서에서 강의를 이어 나갔고 운 좋게 메이저방송사 앵커로 합격하여 아나운서의 꿈도 이루었다. 매일 빠짐없이 생방송을 진행하고 방송이 끝나면 강의하러 지방 곳곳을 다녔지만 지치지 않았고 강의 현장은 오히려 삶의 원동력이 되어 내게 에너지를 주었다. 방송과 강의 두 자리 모두 힘들게 쌓아온 자리었기에 두 마리 토끼를 잡으려 안간힘을 썼고 그 덕에 중국 진출 기회를 얻어 해외를 오가며 강의를 진행했다.

지난날 돌이켜보면 도전의 연속이었다. 할 수 없는 것을 하나씩 해낼 때 나는 한 뼘 더 성장했고, '결국 해내는 사람'이라는 스스로 용기와 주변으로부터의 평판을 얻게 되었다.

 ## 시작은 미약하지만 끝은 창대하리라

'할 수 있는 것도 맞다. 할 수 없는 것도 맞다. 진짜 맞는 것은 당신이 생각한 것이 맞다.'

세계적으로 유명한 스타벅스 최고경영자였던 하워드 슐츠(Howard Schultz)는 "어떤 일을 이루고자 하는 의지만 있으면 반드시 이루어지게 되어 있다. 마찬가지로 이루고자 하는 의지가 없는 데도 불구하고 일이 이루어지는 경우 또한 절대로 없다."라고 말했다.

우리는 도전을 앞두었을 때 수많은 장애물이 앞을 가로막는다. 특히 나 자신에게 수없이 되뇐다. '내가 과연 할 수 있을까?' '이 길이 맞는 걸까?' 주변에서도 도전하려는 사람에게 "한번 해 봐."라고 하기보다 "하지 마. NO."라고 외치는 사람이 많다. "그거 하려면 비용 많이 들지 않아?" "하다가 실패하면 어쩌려고. 그냥 평범하게 살아." "뭐 하러 인생을 그렇게 힘들게 살아가려고 해." "지금 시작하기엔 나이가 많지 않나?"라며 힘 빠지는 소리를 해댄다. 그렇게 우리는 머뭇거리다 놓쳐버리는 경우가 많다.

강사는 매 순간 새로운 도전을 해야 한다는 사실을 기억해야 한다. 새로운 장소와 환경, 처음 만나는 낯선 청중, 각기 다른 담당자의 성향, 교육마다 받는 강의 평가 등 강사로 오랜 경험을 쌓기 전까지 강의 현장은 두려움의 연속이라 할 수 있다. 미국의 위스콘신대학교 교수(Stephen E. Lucas)는 "미국인들이 가장 두려워하는 공포로 2위는 죽음, 1위는 대중 연설이다."라는 조사 결과를 제시한 바 있다. 이토록 어려운 일을 강사는 해내야 한다. 두려움을 이겨내야 한다.

코끼리 사슬 증후군(Baby Elephant Syndrome)이라는 용어가 있다. 서커스 공연을 보면 육지에서 몸집이 가장 큰 코끼리가 단장의 요구에 따르며 공연을 선보인다. 사람보다 더 센 힘을 갖고 있음에도 주어진 한계를 스스로 벗어나지 못한다. 길들여졌기 때문이다. 서커스단에서 코끼리를 길들이기 위해서는 코끼리가 작고 아기일 때 말뚝에 뒷다리를 묶어 놓는다고 한다. 처음에 새끼 코끼리는 말뚝 주변을 벗어나려 안간힘을 쓰지만 결국 말뚝 주변을 벗어나지 못하고 좌절한다. 그렇게 시간이 흐르면서 코끼리는 스스로 말뚝 주변을 자신의 한계로 정해버

린다. 이후 성장하여 몸집이 커진 후에도 스스로 한계를 벗어날 생각
조차 하지 못한 채 사슬을 풀어놔도 말뚝 주변을 벗어나지 않는다. 육
지에 사는 동물 중에 몸집이 가장 큰 코끼리지만 한계로 인해 앞으로
나아가질 못한다. 코끼리를 옭아매는 사슬처럼 나 스스로 한계를 정해
두는 것. 어리석은 짓이다. 두려움이 앞설 때 마음의 장벽을 뛰어넘어
도전하는 것은 강사로서 꼭 필요한 자질이다.

앤드류 카네기는 이렇게 말했다.

Do your duty and a little more and the future will take
care of itself. ("자신이 해야 할 일보다 조금만 더 하라. 그러면 당신의 미
래는 저절로 풀릴 것이다.")

강의하다 보면 위기는 우리 주변에 늘 도사리고 있다. 위기(危機)는
한자로 '위험한 고비'를 뜻한다. 그러나 글자를 하나씩 살펴보면, 하
나의 한자어는 위험을 의미하고 다른 하나는 계기, 즉 기회를 뜻한다.
위기라는 두 글자 안에 위기와 기회의 의미가 담겨있는 셈이다. 나는
위기는 반드시 존재하며 이 위기를 어떻게 극복할 것인지, 어떠한 기
회로 삼을 것인지가 성장하는 데 중요한 관건이 된다고 생각한다.

서른 살이 되던 해 나에게도 위기가 찾아왔다. 아나운서로서 강사
로서 이쯤 되면 자리를 잡았다고 생각했던 시점이었다. 갑작스러운 조
직개편으로 아나운서 절반이 퇴사 위기에 놓였고, 나도 예외는 아니

었다. '계속 버틸까.' '새로운 일을 찾아 나설까.' '방송을 접고 강의만 할까.' 여러 가지 고민에 휩싸여 있을 때 제안 하나를 받았다.

"김지은 아나운서, 혹시 중국에서 강의할 생각 없나. 강의도 하고 거기서 방송 기회도 있을 거야."

"네…? 저…, 그런데 중국어를 할 줄 모릅니다. 그리고 해외에서 살아본 경험도 없고 혼자 살아본 경험은 더더욱 없고요."

두려움이 앞섰지만, 기회가 될 수 있다는 생각이 들었다. 실패하더라도 값진 경험이 될 것이라는 믿음이 있었다. 난 한국에서의 모든 생활을 접고 캐리어 하나만 달랑 들고 중국으로 향했다. 그곳 날씨는 영하 38도. 살면서 느껴보지 못했던 강추위 속에서 강의를 한 번 하려면 12시간을 꼬박 이동해야 했고, 한번 이동할 때 기차, 버스, 택시 몇 개의 교통수단을 타야 할 만큼 중국은 황량하게 느껴졌다. 중국에서의 경험은 무모한 도전 같았지만 내게 무한한 힘을 갖게 해주었다.

생방송을 진행하다 보면 예상하지 못한 일촉즉발의 상황이 눈앞에 펼쳐지기에 긴장감을 놓지 못한다. 강의할 때도 마찬가지다. 여유 있게 미리 움직였음에도 도로 상황이 좋지 못하여 강의 시간이 임박해 오거나, 강의 도중 PC 시스템이 중도에 끊겨버리거나, 애써 담아온 강의 자료와 동영상이 로딩이 안 된다거나 교육생의 날카로운 질문도 때로는 위기가 된다.

그런 순간을 맞이했을 때 '나는 강사로서 자질이 부족한가 봐.', '나는 강사역량이 없나 봐.'라며 좌절하지 않아야 한다. 이를 기회 삼아 다음 강의 때는 더 철저하게 준비해 완성도를 높여 나가야 한다. 축적된 경험이 많을수록 나중에 얻을 수 있는 성과 또한 크다. 우리가 알고 있는 유명 배우, 운동선수, 가수, 강사. '스타'라는 두 글자가 대표하는 이들을 살펴보면 오랜 시간 보이지 않는 곳에서 성실하고 꾸준하게 노력을 해왔다. 한순간에 스타가 된 사람은 아무도 없다.

농구 천재라 불리는 마이클 조던도 평범한 소년이었다고 한다. 그가 역사상 가장 위대한 농구선수로 자리매김할 수 있었던 것은 위기의 순간도 버텨낸 인내와 성실한 훈련의 시간이 있었기에 가능했다. 위기에 봉착했을 때 기회로 전환하기 위해서 강사는 기본적으로 성실함이 바탕 되어야 한다. 강의 15분 전에 시작 준비를 마칠 수 있도록 강의 현장에 최소 30분 전 도착을 염두하고 이동하는 것, 교육대상자의 니즈를 미리 분석하여 준비하는 것, 강의 환경을 사전에 체크하는 것. 기본적인 것들을 놓치지 않아야 한다. 조금씩 흙을 쌓아 산을 이룰 그날까지 꾸준한 노력을 하다 보면 위기에서 벗어나 프로의 모습으로 성장한 나를 발견하게 될 것이다.

아마추어와 프로의 차이는 여유에서 나타난다. 요즘 TV 채널을 돌리다 보면 경연 프로그램이 한창이다. 트로트, 댄스, 랩, 마술, 요리까지 분야 또한 다양하다. 쟁쟁한 실력에 감동을 주는 인생 스토리까지

겸비하여 누가 1등이 될지, 누구를 최고로 뽑아야 할지 시청자들도 판
가름하기 어렵다. 경연 참가자 대부분이 열정과 실력을 지녔음에도 1
등은 한 명뿐이다. 그만큼 경쟁은 치열하고 뜨겁다. '어느 누가 1등으
로 남게 될까.' '중도에 탈락하게 된다면 허탈할까?' '운도 따라주어
야겠지.' '매력도 있어야 할 것이고.' 실력 하나만으로 최종 선발되는
것은 아니라는 점에서 이목이 집중된다.

공자는 말했다.
"어떤 사실을 아는 사람은 그것을 좋아하는 사람만 못하고, 좋아하는 사
람은 즐기는 사람만 못하다."
아무리 좋아하고 잘한다 해도 즐기는 자를 이기긴 어렵다. 즐긴다
는 것은 여유 있는 자만이 가능하다. 떨려도 두려움이 몰려와도 불안
해도 그 순간만큼은 여유를 가지고 즐기는 것. 강사에게도 필요한 자
질이다. 긴장되는 매 순간 떠올리는 말이다.
지지자불여호지자 호지자불여낙지자(知之者不如好之者 好之者不如樂之者)

방송 오디션을 볼 때, 생방송을 할 때, 장관, 국회의원을 포함한 고
위 관직의 참석자가 모인 자리에서 행사 MC로 진행을 맡았을 때, 나
보다 연령과 사회적 지휘도 높으신 분들을 대상으로 교육을 진행할
때, 나 스스로 말한다. '긴장하면 지는 것이고 설레면 이기는 것이다.'
떨림의 감정을 긴장이 아닌 설렘으로 느꼈을 때 비로소 청중들과 호
흡하며 그 시간을 즐길 수 있다.

국민 MC 유재석도 카메라 울렁증으로 고생하던 신인 시절이 있었다. 방송 경력 30년이 지난 지금도 여전히 긴장하고 떨리는 시기가 있다고 한다. 대중 앞에 서는 사람이 매체 기피증 혹은 무대공포증을 가지고 있을 때 그러한 약점이 드러나게 되면 신뢰도 하락에도 영향을 미친다. 대통령이 연설에서 목소리가 떨리고 시선을 마주치지 못한다면 그 말에 신뢰할 수 있겠는가. 당당함, 자신감, 준비된 자세는 떨지 않는 안정감에서 나온다. 긴장감을 해소하기 위해서는 복식호흡이 도움이 된다.

복식호흡은 폐활량을 늘리고 내쉬는 호흡을 길게 하여 안정감을 찾을 수 있는 아주 좋은 방법이다. 복식호흡 훈련 방법을 통해 긴장감을 낮춰보자. 첫째, 천천히 코로 숨을 들이쉬고 입으로 내쉰다. 둘째, 코로 숨을 들이쉬었을 때 배가 볼록하게 나오고 내쉴 때 배가 들어간다. 셋째, 숨을 들이쉬고 내실 때 어깨와 가슴이 움직이지 않도록 유의한다. 넷째, 들이쉬는 호흡보다 내쉬는 호흡을 더 길게 내뱉는다. 꾸준히 연습한다면 긴장된 상황에서도 즐기고 있는 나를 발견할 것이다.

 **03 신선한 강의로 목마른 학습자를 깨워라**

수많은 질병 중에 여전히 정복되지 않는 병이 있다. 바로 '암'이다. "암이 두렵지 않은 시대가 도래했다."라고 말하는 전문의도 있으나

오늘 지금도 암으로 인해 세상과 이별하는 사람은 존재한다. 한 사람의 생명을 앗아가는 이 독한 암이 더 무서운 이유는 증상이 즉각 나타나지 않는다는 점이다. 넘어져서 뼈가 부러진다면, 어딘가에 긁혀 피가 흐르고 상처가 생긴다면, 감기처럼 콧물과 기침이 난다면 눈앞에 나타나는 증상을 치료하기 위해 노력할 것이다. 그러나 암세포는 발견되었을 때 초기보다 나도 모르는 사이에 이미 암세포의 크기가 커져 있는 경우가 많다. 이런 암세포만큼 우리의 삶을 치명적으로 흔드는 것이 있다.

바로 매너리즘(mannerism)이다. '매너리즘'이란 항상 틀에 박힌 일정한 방식이나 습관이 고착되어 새로운 도전이나 변화를 꺼리고 신선미와 독창성을 잃게 되는 것을 의미한다. 세상은 빠르게 변해가고 세상이 변해가는 만큼 사람들의 사회적 인식과 세대도 변화한다. 이러한 시대의 흐름을 반영하지 못한 채 낡아버린 강의자료와 방식만을 추구해서는 도태되기 쉽다.

강사도 트렌드를 읽을 수 있어야 하며 트렌드가 반영된 강의의 신선함이 청중의 긍정적 반응을 일으킬 수 있다. 대학원에서 언론학을 전공할 당시 유독 한 교수님의 오래된 강의자료가 불편했다. 텍스트로 가득 찬 PPT 장표, 가독성 없는 글씨체, 그뿐 아닌 그 화면을 그대로 읽기만 하는 교수님의 수업방식은 따분함 그 자체였다. 배우려는 학생의 태도도 중요하지만, 학생의 입장을 고려하지 않은 성의 없는 수업

방식을 보며 교수님께 실망했고 나는 그러지 않겠노라 다짐했다.

시간이 흘러 겸임교수로 대학에 재직하게 되었다. 같은 내용이라도 어떻게 하면 학생들의 흥미를 끌 수 있을지, 어떻게 하면 하나라도 더 기억 남게 할 수 있을지 늘 고민했고, 게이미피케이션, 퍼실리테이션 도구를 활용하여 참여형 수업을 구성하기도 하였다. 학생이 내 의도와 뜻처럼 잘 따라오지 않을 때도 있었지만, 그럼에도 불구하고 최대한 많은 소통과 교감을 하려고 노력했다. 어쩌면 그 노력은 학생들을 위함이 아닌 나 스스로 매너리즘으로부터 벗어나기 위한 발버둥이었는지도 모른다.

늘 배우려는 자세, 세상에 대한 관심이 밑바탕 되어야 나만의 강의 주제를 찾을 수 있다. 똑같은 음식 재료를 어디에 담고 어떻게 요리하느냐에 따라 메뉴가 달라지듯 같은 분야의 콘텐츠라 하더라도 어떻게 담고 어떻게 풀어내느냐에 따라 결과는 달라진다. 내가 강의하는 분야를 예로 들어보면 스피치 분야도 대상자와 교육목적에 따라 차이가 있다.

나는 현재 말을 업으로 살아온 직업 특성과 경험을 바탕으로 스피치 교육을 중점적으로 하고 있지만, 대학에서는 서비스 경영과 겸임교수로 재직하며 서비스 마인드, 고객 응대 실무, 고객상담, 의료서비스, 서비스 커뮤니케이션 교과목을 맡아 수업했다.

교과목 안에는 비즈니스 매너, 글로벌 매너, 이미지메이킹, 전화응대와 관련된 내용도 포함되어 있다. 이뿐만 아니라 기업에 출강을 나갈 때에는 의뢰 내용에 따라 CS, 리더십, 조직 활성화, 팀빌딩, 법정의무교육 및 사내 내부규정에 관한 내용으로 강의한다.

스피치 교육	
대상자	주제
CEO, 임원, 전문직	비즈니스 스피치/퍼블릭 스피치
공무원, 직장인, 신입사원	보고 스피치
영업, 세일즈	전략적인 세일즈 화법
교수, 교직에 있는 선생님	전달력을 높이는 교수법
발표, 경쟁PT를 앞둔 대상자	프레젠테이션 스피치
언론대응이 필요한 고위간부	언론대응, 미디어트레이닝, 인터뷰 스킬
면접을 앞둔 취업준비생	면접 스피치
학생, 주부, 어르신	소통 스피치

한때는 몇 가지 주제를 두고 강의하는 것이 딜레마였다. 하루 2~3건 다른 교육 주제로 강의를 끝내고 나면 '나의 정체성 무엇인가?' '나를 어떤 강사라고 소개해야 하는가?' 혼란스러웠다. 그러나 요즘은 '본캐'(본래 캐릭터)만큼 '부캐'(부가 캐릭터)가 각광 받고 있는 시대다. 본캐, 부캐는 온라인 게임에 처음 등장한 용어다.

온라인 게임에서는 주인공이 여러 개의 캐릭터를 생성할 수 있는 형식으로 자주 사용하는 캐릭터를 본 캐릭터라고 하고 이를 줄여 '본캐', 부수의 캐릭터라는 말을 줄여 '부캐'라는 말을 사용한다. 여러 개의 직업을 갖는다는 말로 'N잡러'라는 표현 대신 요즘은 "당신의 본캐는 무엇인가요? 지금 하시는 일은 부캐인가요?"라고 묻기도 한다.

연예인들 사이에서 애주가로 알려진 가수 성시경이 자신의 이름을 단 막걸리를 출시하거나, 카페 사장님이 카페를 운영하면서 일본어 과외를 하는 것을 예로 들 수 있다. MC 유재석이 '유산슬'이라는 트로트 가수로 재탄생하여 활동한 것도 '본캐'와 '부캐'의 역할을 소화해 낸 것이라 할 수 있다. 과거에는 한 분야에 오래 머무르는 것을 전문성이라 보고 인정해 주었다면 요즘 시대는 '본캐'와 '부캐'를 지닌 사람이 재능이 많은 능력자로 비춰진다. 물론 여기서 중요한 핵심은 단단한 '본캐'가 바탕이 되어야 한다는 점이다. '본캐'가 단단하게 자리했을 때 '부캐'도 그 뒤를 이을 수 있다는 것을 기억하자.

강의 분야가 다양한 것처럼 강의 자리에 서게 된 이유도 강사마다 각기 다르다. 강사라는 꿈과 목표를 가지고 직업으로 시작한 사람이 있는가 하면 SNS에서 유명세를 타며 인플루언서가 되어 여기저기 강의 제안을 받아 시작한 사람도 있다. 혹은 한 직장에 오래 근무하며 퇴사 후 강사로 진출한 사람도 있고, 환경오염에 남다른 관심을 갖거나 발명품을 만들거나 나의 관심과 취미로 시작한 분야를 기반으로 강연하는 강사도 있다. 사랑과 연애 노하우 작가로 시작하여 스타강사가 된 인물도 있고, 부자가 되는 방법을 알려주는 재테크 분야 강사도 있다. 이렇게 나열하면서도 더 다양한 분야의 강사들 모습이 떠오르는 것 보면 강의, 강연, 강사라는 분야가 전문직이나 특별한 사람만 할 수 있는 국한된 것은 아니다. 이처럼 지식, 스킬 위주의 교육 내용도 있고 세분화된 교육 항목에 주제를 정하고 경험을 스토리화하여 강연하는 것도 방법이 될 수 있다.

나의 경험에 스토리를 담아 강의 콘텐츠를 만들고 청중이 궁금해하는 내용으로 구성한다면 강사로 진출할 수 있다. 나만의 강의 주제를 찾지 못해 머뭇거리고 있다면 일단 시작하라! '시작이 반이다.*(Well begun is half done.)*'라는 말은 귀가 닳도록 들어온 말이다. 나의 경험을 살린 주제도 좋고, 내가 잘하는 분야를 콘텐츠로 구성하는 것도 방법이다. 지식, 경험, 스킬, 스토리를 콘텐츠화할 수 있다. 강연에 스토리가 잘 담겨지고 전해졌을 때 더 큰 효과를 발휘한다. 최근 구글*(google)* 임원에서 실리콘밸리 알바생이 된 한 여성의 스토리가 곳곳에서 각광받고 있다. 그녀의 스토리를 들어보면 남들과 다른 용기와 실행력에 놀라고 감동하게 된다.

그녀의 이름은 로이스 김. 2007년 구글 코리아 커뮤니케이션 총괄 임원으로 합류해 12년간 근무했다. 나이 50살이 되던 해 2019년 미국 실리콘밸리로 떠나 구글 본사 글로벌 커뮤니케이션팀 디렉터로 일했다. 구글 코리아에 임원 자리를 내려놓고 많은 나이임에도 미국 구글 본사에서 신입으로 다시 시작했다. 그렇게 열정 넘치던 그녀에게도 위기가 찾아왔다. 하루아침에 이메일 한 통으로 16년간 몸담은 회사에서 정리해고가 됐고, 그날부터 사내 계정이 삭제되면서 회사에서 튕겨나가 버렸다고 한다. 허무하고 허탈했을 것이고 회사에 원망도 생겼을 것 같지만 그녀는 달랐다. 비록 회사에서 황당한 해고통지를 받았지만, 나이에 한계를 두지 않고 계속해 나갔다.

그녀는 퇴사 이후 50대라는 나이의 편견을 깨고 스타벅스, 공유 차량 플랫폼, 슈퍼마켓, 구둣방에서 아르바이트하며 이렇게 말했다.

"1년 동안 600회 넘게 리프트 운전을 했고, 1만 잔이 넘는 음료를 만들었다. 키보드 위를 부드럽게 날아다녔던 뽀얀 손은 상품을 진열하고 커피를 내리고 운전대를 잡으면서 두툼하고 거칠어졌다. 1년 전과 달라진 손 모양은 나에게는 훈장 같은 것이 되었다. 그 어떤 타이틀도 없이 '자연인 로이스'로 산 알찬 1년을 격려하는 그런 훈장. 그리고 앞으로 어떤 상황이 닥쳐도 잘 해결할 수 있다는 약속의 징표이다."

그녀의 끊임없는 도전 의식과 몸소 보여준 열정은 대중의 위로와 감동이었기에 그녀의 휴먼 스토리는 강연 현장에서 인정받고 있다.

이처럼 스토리를 담은 스토리텔링은 '스토리(story)+텔링(telling)'의 합성어로서 말 그대로 '이야기 하다'라는 의미를 지닌다. 즉 상대방에게 알리고자 하는 바를 재미있고 생생한 이야기로 설득력 있게 전달하는 방법이다. 스토리텔링은 마치 전래동화가 예로부터 전해져 내려오는 것처럼 사람들에게 가장 익숙한 소통 방식이다. 대부분의 사람들은 누군가의 스토리를 궁금해하고 공감한다. 그리고 그 안에서 교훈과 감동 깨달음을 얻기도 한다. 스토리텔링으로 강연 시장의 문을 여는 것은 대중의 공감을 이끌고 마음을 움직이는 나만의 노하우가 될 수 있다.

 **강의의 품격을 더하는 기법**

단언컨대, 목소리가 지닌 힘은 강하다. 청중의 집중도를 이끌고 명확한 전달력으로 이해도를 높일 수 있으며, 생동감 있고 압도적인 분위기를 좌우할 수도 있다. 따라서 강사가 좋은 목소리를 지니는 것은 매우 중요하다. 여기서 말하는 좋은 목소리란 꾀꼬리 같은 목소리를 의미하는 것이 아니다. 나의 본연의 목소리를 잘 가꾸어 전달하는 것과 생생한 생동감을 담은 음성을 의미한다.

같은 내용이라 하더라도 어느 누가 어떤 목소리로 전하는가에 따라 청중의 관심도가 달라진다. 과거 학창 시절 교장선생님의 훈화 말씀을 떠올려 보면 지루하고 집중되지 않는다. 교장선생님의 훈화 말씀을 집중하여 들었던 기억이 있는가? 일상 안에서도 마찬가지다. 한 공간 안에서 시간의 흐름도 놓친 채 계속해서 이야기를 듣고 싶게 만드는 사람이 있는가 하면, 같이 있는 동안 에너지가 빨리고 귀가 지쳐 대화를 이어 나가고 싶지 않은 사람이 있다. 부드럽고 따뜻한 음성의 목소리는 조언처럼 들리지만, 톤이 높고 듣기 싫은 목소리는 그저 잔소리가 되고 만다.

의사가 진료를 볼 때 의사 가운을 입듯, 경찰이 출근하여 제복을 갈 아입듯 강사도 목소리에 전문성을 입혀야 한다. 강사의 목소리는 신뢰 감과 직결되기 때문이다. 의사가 평상복차림으로 진료할 때와 의사 가 운을 입고 진료할 때, 경찰이 평상복 차림으로 근무하는 것과 제복을 입고 근무하는 모습을 떠올려 보면 어떤 모습에 더 신뢰가 가는가? 전문성 있고 품위 있는 강사의 모습을 위해 차림새에 신경썼지만 목 소리가 떨리고 불안정하다면 가늘고 높다면 차림새를 신경 안 쓴 것 만 못하다.

목소리가 가진 힘은 실로 어마어마하다. 좋은 목소리는 단 한 가 지만으로 결정되는 것은 아니다. 호흡법이 동반된 발성, 발음, 음성표 현 등 여러 가지 요소가 단련되어야 비로소 끌리는 목소리의 주인공 이 될 수 있다. 특히 집중도를 높일 수 있는 어조, 강세, 포즈 등 어투 에서 나타나는 음성표현법 모두가 조화를 이루어야 한다. 그 중에 기 본은 잘 들리는 목소리 바로 탄탄한 발성과 발음이다. 입안에서 웅얼 거리거나 속삭이듯 작은 목소리로 강의 내용을 전달하고 있다면 발성 훈련을 통해 목소리의 힘을 키워야 한다. 발음의 경우 조음기관을 부 지런히 움직이며 혀의 위치, 입모양을 정확하게 하려는 노력이 필요하 다. 잘못된 발음은 의미 전달에 오해를 불러일으킬 수 있으므로 각별히 신경써야 하는 부분이기도 하다.

"강사님, 조찬 강의 의뢰 드리려고 하는데요. 강의 시작은 오전 7시입니다. 규모가 큰 강의라서 새벽 6시까지는 오셔서 준비해 주셔야 하는데 가능하실까요? 장소는 한남동입니다."

이른 시간이라 고민했지만, 서울에 살고 있는 나는 '한남동'까지 그리 멀지 않았기에 수락했다. 강의 며칠 전 정확한 주소지를 받고자 담당자에게 연락했고 우리는 서로 깜짝 놀라고 당황할 수밖에 없었다. 강의장 위치는 서울 '한남동'이 아닌 충청북도 청주에 위치한 '산남동'이었기 때문이다. 발음 한 글자 차이였음에도 큰 문제가 생길 상황이었다. 이처럼 일상 안에서 잘못된 발음으로 전달이 안 되는 경우는 빈번하다.

한번은 기업에 신입사원 교육에 갔을 때의 일이다. 한 신입사원이 고충을 털어놓았다.

"저희 과장님이 하시는 말씀 무슨 말인지 못 알아듣겠어요. 차라리 메신저로 대화하는 게 더 편해요. 웅얼거리면서 업무 지시를 내리는데 되물어 보면 화를 내서 눈치도 보이고 다시 묻기도 어렵고. 더 답답한 건 과장님 본인 스스로 웅얼거리듯 말하는 걸 모르는 것 같아요."

미국의 경영학자 피터 드러커는 "소통을 원활하게 하는 것만으로도 경영관리 문제의 60% 이상을 줄일 수 있다."라고 말했다. 소통을 잘하기 위해서는 다방면의 노력이 필요하지만, 기본적인 전달력이 필수이다. 정확한 발음을 구사하려면 입술을 크게 벌리고 혀를 부지런하게 움직이는 것이 핵심인데 이를 놓치고 사는 경우가 대부분이다. 특히 남성은 여성에 비해 비교적 과묵한 편이고 말수가 적어 입술과 혀가 굳어져 있는 경우가 많다. 평소 거울을 보며 조음기관 스트레칭을 하는 것만으로도 도움이 된다. TV를 볼 때 음소거로 설정 해두고 TV 속 인물들의 입술을 자세히 들여다보면 매우 부지런하게 움직이고 있다는 것을 알 수 있을 것이다.

전달력이 뛰어난 목소리는 강의의 품격을 높이다. 강의의 생동감을 더하고 이야기에 집중도를 끌어올리려면 음성의 변화가 핵심이다.

첫째, 강세 : 중요한 부분을 힘 있게 강조한다.

둘째, 포즈 : 적절한 곳에서 잠시 침묵하며 쉼을 갖고 말을 이어 나간다.

셋째, 속도 : 내용에 따라 점점 빠르게, 느리게 변화를 준다.

넷째, 어조 : 슬픔, 기쁨, 설렘 등 강의 내용과 일치하는 감정을 담아 전한다.

목소리가 잘 다듬어졌다면 다음으로 표정과 제스처를 보완해 보길 권한다. 강사가 밝은 표정으로 강의하면 교육생들의 표정도 밝아진다. 강사가 웃으며 농담을 건네면 차가운 분위기가 환기되므로 개인사로 기분이 좋지 않은 날이라도 애써 밝게 웃어야 한다. 이것은 물론 어렵지만 놓치지 않아야 한다.

　강의할 때 교육생들에게 질문을 건네거나 단상 위에서 위치를 이동하는 것도 교육생의 흩어진 집중도를 바로잡는 데 도움이 된다. 또한 몸짓이나 손짓, 이른바 몸짓언어를 활용하면 분위기를 고조시킬 수 있다.

　우리가 자주 사용하는 제스처는 크게 3가지이다. 손가락, 손등, 손바닥을 활용하는 방법인데 각각의 의미가 다르기에 적절하게 사용해야 한다. 우선 손가락은 '명령', '지시'의 의미가 담겨 있다. "이 사람이 지금 누구한테 삿대질이야. 어디다 대고 삿대질이야?"라는 밀을 어디선가 들어본 적 있을 것이다. 손가락으로 무언가를 지목하는 제스처는 부정적인 느낌, 공격적인 느낌을 준다. 강사가 상황에 따라 교안의 한 지점을 지목해야 할 때는 '손가락'보다는 '손등' 활용을 권하고 싶다. 손등은 '지시, 지목'의 의미가 담겨 있다. 주차요원이 길을 안내할 때, 기상캐스터가 날씨 예보를 하며 위치를 지목할 때도 잘 관찰하면 손등을 사용하고 있다는 것을 알 수 있다. 마지막 '손바닥'을 보여주는 제스처는 긍정적인 반응을 일으키는 가장 좋은 방법이다. 악수를 먼저 청한다는 것은 무기를 손에 쥐고 있지 않음을 의미하여 상대를 향해 먼저 마음을 열었다는 뜻을 담고 있다. 이와 유사하게 양 손바닥을 상대에게 보여주며 권유하는 제스처는 호감도를 상승시켜 긍정적 반응을 이끌 수 있다.

명강사 시크릿 05 인정받는 강사의 한끗 차이

실력은 배신하지 않는다. 땅에 깊게 뿌리 내린 나무는 비바람이 몰아쳐도 쓰러지는 법이 없다. 꼿꼿하게 뻗어있는 건강한 나뭇가지에 매달린 열매는 빛깔, 향, 맛의 깊이가 다르듯 우직하게 서 있는 튼튼한 나무를 멀리서 바라보고 있노라면 나무가 뽐내는 자태는 깊은 여운과 감동으로 다가온다.

강의를 나무에 비유하자면 뿌리는 '기획력, 콘텐츠'를 의미한다. 나무가 뿌리 없이 자라날 수 없듯 콘텐츠가 없다면 강사로 첫발을 내딛을 수 없다. 줄기는 '자료 구성'을 의미한다. 크기도 굵기도 다른 가지들이 곳곳으로 뻗은 것처럼 각양각색 양질의 강의자료는 강사에게 큰 밑천이 된다. 나무줄기와 나뭇가지 사이를 가득 메운 풍성한 잎은 강사가 얼마나 준비하고 연습했는지를 의미하며 그 잎을 받침으로 열리는 열매의 모습은 강사의 모습과 흡사하다. 열매의 모양새와 맛, 향이 다르듯 강사가 지닌 뿌리에 따라 같은 주제의 강의라도 다른 모습으로 청중에게 다가선다.

나는 어떤 열매를 맺는 강사이고 싶은가? 비옥한 땅에 튼튼하게 뿌리내려 흔들리지 않는 강사가 될 것인지, 열매를 빨리 맺으려는 욕심으로 아무 곳에나 뿌리를 내린 강사가 될 것인지. 위태로운 상태로 자라나는 나무가 된다면 탐스러운 열매 맺기는커녕 머지않아 쓰러지게 될 것이다. 사람들은 나무에서 얻은 맛 좋은 열매를 통해 건강과 행복한 감정을 느끼고 때론 살아갈 힘을 얻기도 한다. 청중도 마찬가지다. 강사가 전달하는 메시지를 통해 긍정적인 마인드로 삶을 바라보게 되고 자기 계발을 하며 인생의 큰 용기를 갖는다.

향을 싼 종이에서 향 냄새가 나고, 생선을 묶었던 새끼줄에서는 비린내가 나기 마련이다. 강사가 얼마나 진정성을 담아 진심으로 강의하는가는 향기가 퍼지듯 청중의 마음속에 고스란히 전해진다.

어느 날 우연히 초등학교 6학년 때 쓴 일기장을 펼쳐보게 됐다. 노트 첫 장에 연필로 꾹꾹 눌러쓴 나의 좌우명.
"향기 나는 사람이 되자."

한동안 잊고 지냈던 나의 좌우명을 발견한 이후 지난 날을 돌이켜 보았다. '나는 과연 어떤 향을 품고 살아왔을까.' '나는 어떤 향을 가진 사람일까.' 이 글을 읽고 있는 당신은 어떤 향을 풍기는 강사가 되고 싶은가?

시간이 걸리더라도 우직하게 가꾸어 나가는 실력은 먼 훗날 빛을 발한다. 돈을 목적으로 강사라는 직업을 택한다거나 잘난 척하려는 속 빈 강정으로 강의한다면 한동안은 빛날지 몰라도 결국 들키고 만다.

인생의 긴 여정은 오르막과 내리막길이 이어져 살아가지만, 강사의 실력은 계단처럼 한 단계씩 올라가야 한다. 하락곡선 없이 가파른 상승곡선도 아닌 차곡차곡 켜켜이 단단하게 쌓여있는 계단 말이다. 요즘은 분야를 가리지 않고 온라인 마케팅에 혈안이 되어 있다. 사람들의 기억 속에 자리 잡혀있는 브랜드를 떠올려 보면 마케팅의 힘은 실로 대단하다.

강사에게도 마케팅이 필요하다. 퍼스널 브랜드를 지닌 강사는 더 오래 더 넓은 곳으로 확장해 나갈 수 있고 큰 기회를 얻을 수 있다. 실력을 인정받았다면 이제부터 온라인 마케팅에 힘을 실어야 할 때이다. 어느 정도 실력을 갖추었다면 나만의 브랜드를 만들고 이를 활용한 온라인 마케팅을 통해 자신을 알려야 한다. 현재 온라인 채널도 다양하다. 자신만의 웹사이트나 블로그 운영은 기본이고 유튜브, 인스타그램, 페이스북 등 적극 활용하는 것이 미래의 자산이 될 것이다.

탄탄한 실력으로 온라인 마케팅을 꾸준하게 한다면 이를 통해 쌓인 신뢰와 선호도를 통해 섭외되기도 한다. 스타 강사로 알려진 김미경은 《마흔 수업》이라는 책에서 "어느 날 갑자기 유명해진 것 아니라 오랜 시간 평범한 강사의 삶을 살아왔고 우연히 섭외된 방송 채널에서 펼친 강의가 인기를 얻어 대중들에게 이름을 알렸다."라고 밝힌 바 있다. 스타 강사로 여전히 대중들의 사랑을 받는 김미경 강사는 보이지 않는 곳에서 꾸준하게 자신의 실력을 다져온 것으로 알려져 있다. 대중들에게 인기를 얻고자 한다면 자신의 전문 분야와 경력을 잘 보여줄 수 있는 콘텐츠를 제작하고 업로드하여 전문성을 나타낼 수 있는 온라인 강좌 플랫폼에 강의를 오픈하는 것도 좋은 방법이다.

오프라인을 통해 강의 섭외를 받는 방법도 다양하다. 강사로 활동하다 보면 업체로부터 추천요청을 받기도 하고 규모에 따라 팀을 이루어 강의를 구성해야 할 때가 있다. 막상 강사로 추천하려면 강사로 활동하는 사람은 많지만, 마땅한 사람이 없어 고민될 때가 있다. 실력이 뛰어난 만큼 인성도 갖춘 강사, 책임감이 강하고 트렌드를 반영하여 교육을 진행하는 강사, 담당자 그리고 교육생 입맛을 모두 맞출 수 있는 강사. 이런 강사가 필요하다.

그러기 위해서는 평판(reputation)이 좋아야 한다. 평판은 주변 사람들이 아는 나의 모습이다. 때론 그 평판이 스펙이 되기도 한다. 긍정적 평판은 실력, 책임감, 성실함이 고루 갖추어져 오랜 시간 신뢰를 쌓았을 때 형성된다. 강사로 섭외되기 위해서는 평판을 잘 쌓고 네트워킹을 활성화하여 강사 커뮤니티나 HR 전문가와 교류가 가능한 커뮤니티에서 활동하는 것도 방법이다. 단단한 실력으로 온오프라인에서 꾸준한 모습을 보여준다면, 강사로 여기저기 섭외가 이어질 것이다.

뼛속까지 강사인 나, 강사로서의 꿈과 비전

사람들은 저마다 자신만의 별을 가지고 있다. 그 별은 내가 존재하는 이유가 되기도 한다. 내가 만나는 교육생들도 각기 다른 별을 가지고 있기에 나의 강의가 그들의 별이 빛날 수 있도록 보탬이 되길 바라는 마음이다. 최근까지 나는 '완벽한 강사'가 되고 싶었다. 그러다 보니 '어떻게 하면 교육생들에게 잘 보일 수 있을까.' '어떻게 하면 좋은 평가점수를 얻을 수 있을까.' 고민하는 나를 발견했고 평가점수에 따라 나 스스로의 만족감도 달라졌다. 100점을 목표로 진행한 강의가 99.9점만 나와도 아쉽고 마음속으로 분노했다. 이렇게 초심과는 왜곡된 나의 가치관을 바로 잡기 위해 깊이 생각했고 진심은 통한다는 말처럼 완벽함보다는 강사로서 진정성 있는 강의로 교육생들에게 다가서려 한다.

강의를 처음 시작했던 14년 전 오늘로 돌아가 지난날 찬찬히 되새겨 보았다. 한때는 끊이지 않는 섭외에 우쭐하기도 했고 높은 강의 평가점수에 자만하기도 했다. 교육하며 보람되기도 했고 나와 연을 맺은 교육생 한 명 한 명의 성장을 돕기 위해 밤낮 가리지 않고 달렸다. 강의마다 진정성을 담으려 애썼지만 지쳐서 그만두고 싶다는 생각이 들었던 때도 있었다.

　수년간 기쁨과 노여움과 슬픔과 즐거움을 아우르며 어느새 나의 일은 사랑과 참 닮아있다는 것을 발견했다. 사랑은 무엇과도 바꿀 수 없는 행복이지만 때론 아픔이 되기도 하고 사람을 성숙 되게 하는 것처럼 말이다. 나는 내 일을 사랑한다. 내가 뼛속까지 좋아하는 일이고 사랑하는 일이기에 이 사랑 이야기가 끝나지 않기를 꿈꾼다. 사랑이라는 이름으로 날 힘들게 하더라도 소리에 놀라지 않는 사자처럼, 그물에 걸리지 않는 바람처럼, 진흙에 더럽히지 않는 연꽃처럼 그렇게 계속 나만의 사랑 이야기를 펼쳐갈 것이다.

04

함께 성장하는 강사를 꿈꾸다

나윤희

주요 경력

- 국공립어린이집 원장
- 한국강사교육진흥원 수석연구원
- 영유아교육디자인연구소 수석연구원
- 인사이드몬테소리연구소 수석연구원
- 세이브더칠드런 '긍정적으로 아이키우기'
- 부모프로그램 전문강사

명강사 시크릿 01 나의 어릴 적 꿈은 선생님

강사는 아니지만 어느 때부터인가 사람들 앞에 서 있어야 했다. 교사가 되는 게 꿈이었던 나는 어린이집 또는 유치원 교사가 되어 교사의 꿈을 이루었다. 교사는 수업을 위해 늘 아이들 앞에 있어야 한다.

그러나 어린이집·유치원 교사는 수업을 진행하기 위해서만 아이들 앞에 있는 것은 아니다. 학부모 참관 및 참여 수업, 유치원 평가 등 학부모님이나 관계기관의 담당자들 앞에 서야 할 때도 많고, 경력이 쌓여 주임이나 유치원 원감 등 중간관리자의 업무를 할 때는 행사 진행을 위해 앞에 서야 할 때가 있다. 그러다 보니 강사는 아니지만 사람들 앞에서 있는 일이 많아진 것이다. 주로 양육자들 즉 부모님이나 조부모 등 아이를 돌봐주는 대상자들 앞에 있게 되니, 아이를 양육하고 교육하는 측면에서 교사로서, 부모로서 나도 시행착오를 겪었다는 것을 말해 주고 싶었다.

부모들을 위한 활동이나 양육자들과 함께하는 행사 진행 시에 아이의 발달에 자극을 줄 수 있고, 아이 성장에 필요한 부분들, 상호작용하는 방법 등을 알려주고 적용해 보게 하면 좋을 텐데 하는 생각을 할 때가 많았다. 아이들의 부모들 또한 전문가가 아니고 부모가 처음이라 시행착오를 겪는 중이니, 나의 노하우를 전달하며 시행착오를 줄여주고 싫었다. 내가 할 수 있는 최선은 그저 개별상담 시 조금씩 이야기 나누며 연계해 볼 수 있는 것들을 안내해 보는 정도였지만, 해당 아이에 대한 맞춤형 해결책 같은 느낌인지 많이 도움이 된다며 고민을 토로하는 부모가 늘어났다. 이 양육자들은 전문가를 초빙하여 부모들을 대상으로 하는 강의는 들을 때는 '그래, 맞아, 그렇게 하면 되는구나'하면서 고개가 끄덕여지고 방법을 터득한 것처럼 느껴진다. 하지만 막상 적용해 보려고 하면 난감한 상황들도 있고, 잊어버리기도 하고, 똑같은 상황이 벌어지는 게 아니기 때문에 '과연 이렇게 하는 게 맞나? 하고 고민이 된다며 어려움을 토로한다.

아이들이 잘 적응하고 아이들이 성장하는 데 가장 큰 역할과 도움을 주는 사람은 양육자인 것은 누구나 안다. 하지만 어떻게 해야 하는지에 대한 것은 알려주는 사람은 없다. 그러다 보니 아이를 양육하고 교육하기가 어렵고 힘든 일이라고 생각하게 되는 것이다. 그러한 부모들을 보며 안타까웠다. 부모나 양육자에 의해 큰 영향을 받는 아이들이기에 아이와 아이의 성장을 위해 시간만 되면 이야기해 주었다. 그러나 모든 양육자를 대상으로 한다는 건 어려움이 있었고 한계가 있었다. 이것이 바로 내가 부모들을 위한, 양육자를 위한 강의에 대해 생각하고 고민하게 된 계기이다.

고민하던 중에 부모 교육 프로그램 강의 과정과 부모 교육 강사 과정을 이수하고 자격증을 발급받게 되었다. '긍정적으로 아이 키우기',

'부모 교육 프로그램' 등 다양한 과정을 공부하면서 어떻게 안내해야 할지 또 무엇을 강의할지 정리가 되었고 나의 경험이 더해져 자신감이 생기게 되었다.

살아가는 동안에는 여러모로 겪는 시행착오이지만 "교육은 삶을 위한 준비가 아닙니다. 교육은 삶 그 자체입니다."라는 교육학자 존 듀이의 말처럼 잘 키우고 싶다는 생각을 가지고 있는 양육자들이니만큼 아이를 교육하는 데 어려움을 느끼고 힘들다고 생각하게 된다. 그러므로 아이의 양육과 교육 측면에서 자신과 아이에게 적합한 방법을 찾아갈 수 있다면 보다 좋은 양육자가 되고, 더욱 좋은 환경을 제시해 줄 수 있지 않을까 하여 아이를 양육하고 교육하는 양육자들을 위한 강사가 되고자 꿈꾸게 되었다.

명강사 시크릿 **02** 내가 생각하는 강사의 자질과 마음가짐

AI가 끝도 없이 발전하고 있는 시대다. 이런 상황에서 지식은 검색만으로도 충분히 습득할 수 있으니, 강사는 단순히 지식만을 전달하는 역할이 아니라는 것은 분명하다. 자신의 전문 분야에 대한 지식도 중요하지만, 현장에서의 실무 경험과 다른 전문가와의 협업을 통해 폭넓게 형성된 경험이 매우 중요하다. 나는 강사가 지녀야 할 필수 자질로 세 가지를 꼽는다.

첫째, 지속해서 학습하고 연구하는 자세이다. 자신이 가지고 있는 전문 분야의 지식이 전부라고 자만하지 않고, 새로 나온 내용이나 현재의 흐름을 파악하는 등 지속적인 학습과 연구가 필요하다는 것이다.

둘째, 의사소통이 원활해야 한다. 강사는 자기 말을 명확하고 효과적으로 전달하기 위해 생각을 잘 정리하고 구조화해서 정확한 의사소통이 되도록 해야 한다. 또한 학습자들의 피드백을 수용하여 강의에 바로 반영하는 것도 원활한 의사소통이 이루어질 수 있도록 하는 데 도움이 된다.

셋째, 학습자 중심의 학습을 위해 다양한 학습자료를 활용할 줄 알아야 한다. 학습자들이 자기 능력을 발휘하고 성취감을 얻을 수 있는 환경이 조성되도록 해야 한다. 이는 다양한 학습 방법과 자료를 활용하여 학습효과를 높이는 데 매우 중요하다.

강사는 긍정적인 에너지와 가치를 전달한다는 마음가짐으로 학습자를 존중하고 배려하는 태도와 긍정적인 태도를 가져야 한다. 강사의 마음가짐은 교육과 소통의 전반에 걸쳐 중요한 역할을 한다. 여기에서 몇 가지 핵심 요소들을 살펴보면 다음과 같다.

첫째, 학습자의 발전과 성공을 진심으로 응원하고, 각 수업에 최선을 다하는 태도이다. 그리고 인내와 겸손의 마음가짐이 필요하다. 이는 모든 학습자가 다르게 학습하고, 모든 질문과 피드백에 열린 마음과 인내심을 가지고 접근하는 것이다.

둘째, 강사는 다양한 학습 스타일과 배경을 수용하며 교육 방법을 조정할 수 있는 유연성이 필요하다. 항상 다양한 교육 세미나나 워크숍에 참여하여 새로운 교육 기법, 주제 지식, 기술을 배우려는 의지가 있어야 한다.

셋째, 명확하고 효과적으로 정보를 전달하며, 학습자의 필요와 반응에 귀 기울이는 능력의 소통 능력을 키워야 한다.

넷째, 강사의 교육 주제에 대한 열정이 학습자에게도 영감을 주어 학습에 대한 흥미를 유발할 수 있다.

다섯째, 모든 학습자를 평등하게 대하고 다양성을 존중하고 포용하는 태도로 그들을 존중하고 그들의 성장 모습에 관한 관심을 두어 모두 함께 성장하려는 마음가짐 또한 중요하다고 생각한다.

이러한 마음가짐은 강사가 학습자들과의 긍정적이고 생산적인 관계를 형성하고, 모두에게 유익한 학습 환경을 제공하는 데 필수적이다. 강사가 이러한 자세를 갖추면, 교육이 단순한 지식 전달을 넘어 진정한 의미에서 성장과 변화를 촉진할 수 있다.

 **03 강의 콘텐츠를 개발하는 것에 대하여**

어린이집과 유치원에는 이미 설정되어 있는 교육과정이 있다. 국가 수준의 교육과정이라는 기본 틀 위에 강사가 생각하는 콘텐츠를 아이들에게 적용하고 활용하고 확장하면 된다. 쉬워보일 수도 있지만 지속적인 연구와 실천이 필요한 경우도 많아 어렵기도 하다. 하지만 강사는 자신만의 강의 콘텐츠를 직접 만들어야 한다. 이 부분이 더 막연하게 느껴질 수도 있다. 하지만 강사는 강좌 기획과 그에 알맞은 콘텐츠 개발을 위해서 하나하나 고민해야 한다.

1. 나만의 강의 주제를 찾기

첫째, 나의 관심 주제와 전문성의 교차점을 찾아야 한다. 자신이 가장 잘 아는 주제와 가르치고 싶은 열정이 있는 주제의 교차점을 찾는다. 이는 강의의 독창성과 전문성을 보장하는 기초가 된다. 필자의 경우 강의자료를 제작하다 미리 캔버스 같은 디지털 디자인 도구를 이용하다 보니 미리 캔버스 등과 같은 툴의 활용 방법에 대한 강의 주제로 확산되기도 했다.

둘째, 시장 조사로 파악한다. 유사 강좌의 시장 상황, 수요 조사를 통해 해당 주제의 시장 가능성을 평가하며 강좌의 필요성과 차별화 포인트를 명확히 한다. 요즘에는 유용한 디지털 디자인 도구가 매우 많다. 모든 디자인 도구를 배우고 활용할 수는 없지만 현재의 흐름에 맞고 자주 활용하는 툴을 선택하여 강좌를 진행할 수 있다. 강좌를 이수할 학습자의 나이, 직업, 학습 목적 등을 명확히 하다 보면, 그들의 필요와 관심에 맞는 주제를 선정하는 것이 쉬워진다.

2. 학습자 중심의 강의 구조와 콘텐츠

강의를 통해 달성하고자 하는 구체적인 학습 목표를 구체화함으로써 강의의 구조와 콘텐츠 개발의 지향점을 설정할 수 있다. 그리고 명확하고 소화하기 쉬운 여러 모듈로 나누어 강의를 구성하기 위해서는 핵심 개념이나 기술을 중심으로 강의를 설계해야 한다.

강의 중에 퀴즈, 토론, 실습과 같은 상호작용을 포함시켜 학습자들의 참여를 유도하고, 지속적인 피드백은 실질적인 학습 경험을 할 수 있게 한다.

3. 강의자료와 교육 콘텐츠 제작 기술

다양한 형태의 학습자료를 제작함으로써 강의의 이해도를 높일 수 있고, 인포그래픽, 도표, 그래프 등을 활용하여 복잡한 개념을 시각적으로 표현하여 학습자가 쉽게 이해할 수 있도록 돕는다. 학습 효과를 극대화하기 위해서는 연습 문제, 사례 연구, 실습 과제 등을 포함하여, 각 세션 후에는 핵심 요약과 복습 자료를 제공할 수 있다. 온라인 학습 관리 시스템(LMS)의 사용, 웹 기반 툴을 활용하여 강의자료의 접근성과 상호작용성을 높일 수 있다. 그러므로 강사는 자신의 강의자료와 교육 콘텐츠는 직접 설계하고 제작해야 한다.

이러한 방법을 활용하여 필자가 선택한 나만의 콘텐츠는 교육 분야이다. 현장에서 오랫동안 아이들과 함께 성장하다 보니 아이들에 대한 것이 진심이 되었다. 모든 아이가 잘 성장할 수 있도록 돕는 일을 하고 싶다는 생각을 많이 하게 되었다. 성인은 바뀌기 힘들다. 필자 역시 바꾸기 어려운 부분들이 많다. 그것을 바꾸기까지는 시간이 오래 걸린다. 하지만 영·유아 시기의 아이들은 짧은 기간에 바뀐다. 인생의 기초를 만들어 가는 영·유아 시기의 아이들에게 든든한 버팀목이 되어 줄 양육자들을 위한 콘텐츠를 생각하게 되었다.

나는 여러 교육 분야 중에서도 영·유아를 양육 및 교육하고 있는 부모와 교사, 원장을 대상으로 하는 콘텐츠를 주력으로 삼았다. 또한 직접 강의자료와 교육 콘텐츠를 제작하다 보니 디지털 도구 활용법과 디지털 도구를 활용한 기관 홍보 마케팅에 관한 분야까지 확장할 수 있었다.

 현장의 나는 시행착오를 줄여주는 강사다

1. 많은 경험과 시행착오로 다져진 노하우

필자는 교육현장에서 교사로 시작해서 한 해 한 해 경험으로 노하우를 쌓아왔고 중간관리자, 운영자 순서로 단계를 밟아 올라가면서 성장했다. 그러는 와중에 겪은 여러 가지 시행착오가 나에게는 노하우가 되었고 다양한 사례를 경험할 수 있게 되었다. 이러한 현장 경험은 학습자들의 공감을 끌어낼 수 있었고, 함께 이야기 나누면서 문제 해결 방법을 공유하게 되었다.

2. 청중이 아닌 함께하는 참여자로서 촉진

청중의 참여를 유도하기 위해 퀴즈, 역할 놀이, 그룹 토론 등을 활용하기도 한다. 때로는 강의 시작 전 설문을 통해 학습자들의 상황을 사전에 이해하고자 노력한다. 예를 들어, 디지털 디자인 도구를 활용한 강의를 할 때 다양한 기능들을 단순히 설명하기보다 어떤 기능이든 한 가지만이라도 직접 실습하도록 한다. 이러한 형태의 참여형 강의는 강의자나 학습자 모두에게 큰 도움이 된다.

3. 문제 발생 요소 사전 예방 및 대처

강의 중에 발생할 수 있는 다양한 문제를 예방하는 것도 중요하지만, 만약 문제가 발생했을 때 대처할 수 있는 방법을 미리 준비하는 것도 필요하다. 강의장 상황을 미리 파악하여 모든 변수를 통제할 수 있으면 좋지만 실제로는 미처 예상하지 못한 다양한 문제가 발생하기 마련이다.

대부분의 강사가 강의를 위해 PPT나 시각 자료를 활용하는데, 장비의 오류나 호환성 문제로 기술적 오류가 자주 발생한다. 이를 위해 다양한 종류의 이동식디스크를 준비하거나 각종 젠더 및 연결 케이블을 준비함으로써 다양한 현장의 상황에 대처할 수 있다. 빔 프로젝터 사용이 어려운 곳은 미리 유인물을 준비하는 등 강의 장소의 여건을 미리 파악하고, 갑작스러운 상황에 대비하여야 한다.

4. 효과 있는 발표

강의에서 프레젠테이션과 유인물은 강사의 얼굴이고 이미지다. 그러므로 자료를 만들 때는 보기 좋고 한눈에 들어오게 만들기 위해 노력해야 한다. 청중의 이해를 돕기 위해 사진뿐만 아니라 관련 영상을 편집하여 시청각자료로 활용하기도 한다. 요즘 영상에 익숙한 학습자들에게는 말로 설명하기보다는 시청각자료를 활용함으로써 강의의 흥미도와 이해도를 높일 수 있다.

5. 질문과 토론으로 끌어내는 소통

강의 중 청중의 호응과 질문을 유도하기 위해 학습자들의 공감을 이끌어내고 마음의 문을 열게 할 필요가 있다. 예를 들어 부모 양육을 위한 강의에는 아이들의 시기별로 나타나는 공통 내용들을 이야기함으로써 '맞아요. 우리 아이도 그래요.' '아! 모두 그렇구나.' '우리 애만 그러는 것이 아니고, 내가 잘못하고 있는 게 아니었구나.'하고 공감하게 만든다. 그러다 보면 어느새 자연스러운 토론을 유도할 수 있다. 이를 통해 학습자들이 능동적으로 참여를 이끌어낼 수 있다.

강사의 경험을 바탕으로 한 실질적인 조언과 공감은 강의를 가치 있는 시간으로 만들어 준다. 지식이나 비법 전달과는 별도로 원활한 소통과 공감은 강의의 질과 가치를 향상시킨다. 필자 역시 현장 경험과 노하우를 청중과 소통하고 함께 토론하며 다양한 생각과 방법을 도출해 낼 수 있도록 이끌어가는 강사가 되고 싶다.

아이를 양육하거나 아이를 교육하는 일, 올바른 성인으로 성장하도록 돕는 일은 쉽지 않다. 인생은 호락호락하지 않기에 다양한 시행착오를 겪기 마련이기 때문이다. 실패하는 강도나 횟수를 줄이는 방법을 배울 수 있다면 시행착오는 실패가 아니라 성장을 위한 발판이라고 할 수 있다. 강사는 청중의 시행착오를 줄여주고, 학습자들이 더욱 더 성장하도록 든든한 버팀목이 되어야 한다.

명강사 시크릿 05 치열한 내 브랜드

강사는 자신의 브랜드를 구축함으로써 새로운 단계로 나아갈 수 있다. 자신의 장단점을 가장 잘 아는 사람은 자기 자신이다. 단점을 보완하고 장점을 강조하며 자신만의 브랜드를 구축해나가야 한다. 필자 역시 나만의 브랜드를 만들어 가는 작업이 막막하고 어렵기만 했다. 그리고 앞으로도 계속해서 채워나가고 완성시켜 나아가야 한다.

아이들 세상 속에 있다가 어른들의 세상으로 나온 필자는 '세상은 넓고 할 일은 많다'라는 말을 실감했다. 배울 것도 많고 하고 싶은 일도 많았다. 그 많고 많은 것들 속에서 나만의 강사 브랜드를 만들기 위해서는 배움이 절실했다.

브랜드 구축을 위해 내가 가장 오랫동안 해왔고 자신 있는 분야를 나의 전문 분야로 설정하고 구체화해 나갔다. 전문성 향상을 위해서 다양한 워크숍이나 세미나에 참여하고 있다. 광주광역시에서 서울로 부산으로, 대전으로, 성남으로 등 어느 곳이든 나의 브랜드 가치를 높일 수 있는 곳이라면 어디든 참여하고 있다. 여행 가는 것보다 교육에 참여하기 위해 KTX, SRT를 이용하는 횟수가 많다.

'아는 만큼 보인다.'라는 말처럼 알면 알수록 더 알고 싶어지고, 보게 되니 더 많은 것을 보고 듣고 싶어졌다. 많이 아는 것도 중요하지만 알고 있는 것을 얼마만큼 표현할 수 있느냐가 더욱 중요하다. 아나운서처럼 정확한 발음과 또렷한 목소리를 위해, 또 자기 경험을 바탕으로 청중의 신뢰를 끌어내고 공감대를 형성하기 위해 각종 강사 양성 교육 현장을 찾아 배우고 연습했다.

3년여 동안 꾸준히 나의 단점, 나의 부족한 부분을 채우기 위해 무던히도 애를 써왔다. 김효석 아카데미의 OBM 과정, 세바시 대학의 말하기 과정, MKYU 김미경의 아트스피치 라이선스 과정, 한국 강사교육진흥원 명강사 과정, 세이브더칠드런 전문 강사과정, 인권 강사과정, 부모 교육 프로그램 강사과정, 가천대학교 명강사 최고위 과정 등등 말하기와 스피치, 강사 역량을 채울 수 있는 곳이라면 지역이 어디든 가서 내 것으로 만들려고 노력했다.

나만의 브랜드는 나다운 나를 만들기, 나만의 노하우 만들기라고 생각한다. 일차적으로 나를 알고 나에게 맞는 것들을 잘 적용하여 나다운 나를 만들어 가고 싶다. 나만의 강사 브랜드를 성공적으로 만들고 홍보하는 데 필요한 구체적인 방법과 전략을 익히고 준비함으로써 강사가 지녀야 할 역량을 키울 수 있다. 브랜딩과 마케팅은 강사의 성공에 결정적인 역할을 하며, 명강사로서 자신의 위치를 더욱 공고히 하는 데 큰 도움이 된다.

강사다운 강사로 점점 성장할 나윤희! 앞으로의 나!

강사로서 앞으로의 꿈과 비전을 설정하는 것은 나만의 역량 개발뿐만 아니라 교육의 질을 향상하는 데도 중요하다. 자신만의 목표와 비전을 더욱 구체화하고, 개인적인 상황에 맞게 조정하여 한 발 한 발 나아가고 싶다.

1. 전문성 강화

나의 전문 분야뿐만 아니라 최신 교육 방향, 기술, 이론을 지속적으로 학습한다. 전문성을 높이고, 관련 분야의 자격증이나 자격인증에 준하는 수료증 등을 취득하여 전문성을 인정받으려 노력해 갈 것이다.

2. 영향력 확대

다양한 연령대 또는 배경을 가진 학습자에게 강의를 통해 영향을 주려면 스스로의 입지를 다지는 것도 필요하다. 한국몬테소리교육총

연합회, 영유아 교육디자인연구소, 인사이드 몬테소리 연구소, 한국 강사 교육진흥원, 대한민국브랜드협회 등에서 나의 입지를 다지고 다양하고 새로운 정보들을 얻기 위해 활동하고 있다.

3. 교육 콘텐츠 개발 준비

각종 디지털 도구를 활용하여 나만의 강의자료, 교재를 만든다. 또한 온라인 코스를 개발하기 위한 준비로 온라인 교육 시장에 참가하려고 시도하고 있다. 직접 최신 기술을 활용한 교육 콘텐츠를 개발하여 학습자의 경험에 더 도움을 주기 위한 활동에 참여하고 있다. 영유아 교육디자인연구소에서 오디오클립에 올릴 '마음을 전하는 대화' 매뉴얼을 만드는 데 참여하기도 하고, 인사이드 몬테소리 연구소에서 몬테소리 동물학과 관련한 강의를 하며 관련 자료들을 제작하기도 했다.

4. 네트워크 및 협력 확장

영유아 교육디자인연구소, 인사이드 몬테소리 연구소, 한국 강사 교육진흥원에서 전문가와 네트워크를 구축하고 협력 프로젝트를 진행하기도 했다. 예를 들어, 영유아 교육디자인연구소에서 매년 실시하는 어린이집 특색 프로그램에 대한 협력 프로젝트 중에서 필자는 몬테소리 교육과 연계한 강의를 담당하며 진행하고 있다. 인사이드 몬테소리 연구소에서도 KMF자격과정 중 동물학을 담당하고 있으며, 한국 강사

교육진흥원에서는 연구원으로서 미리캔버스, 망고보드 강의를 진행했다. 또한 광주광역시 육아종합지원센터에서 '봄.봄.봄 사업'이라는 명칭으로 어린이집 원장님들과 함께 각자 담당한 분야를 안내하는 사업에도 참여했다. 어린이집 운영 전반에 대한 내용과 사업 홍보, 업무 효율화 등이 주제였다. 또한 '일나'라는 독서 모임을 통해 아침 시간을 활용하여 활동에 참여하기도 하며 모임을 이어가고 있다. 이외에도 초등학교, 주민자치회, 협동조합 등 다양한 곳에서 ESG 교육, 디자인툴 교육, 자원봉사활동을 하며 네트워크 및 협력 확장에 힘쓰고 있다.

5. 지속 가능하고 다양한 교육 제공

함께하는 학습자가 접근하기 쉽고, 포괄적이며, 다양성을 존중하는 교육 환경을 조성하고자 노력한다. 이를 통해 영유아를 대상으로 한 교육 관련 활동을 통해 사회 변화를 이끌고, 교육의 사회적 가치를 증진하는 프로젝트를 진행코자 한다.

각각의 꿈과 비전은 강사의 개인적인 가치와 열정, 역량에 따라 다를 수 있다. 하지만 개인적인 성장을 위해서라기보다 함께하는 사람들과 함께 성장하는 것을 목표로 하고자 한다. 물론 이를 구체화하는 과정에서 나만의 개성과 특징을 반영하는 것이 중요하다고 볼 수 있다.

이러한 비전을 명확히 설정하고 추구함으로써, 더 풍부하고 다양한 교육을 제공하여, 학습자에게 성취감과 함께 성장을 느끼게 해주는 강사로서의 나윤희, 다양한 분야의 교육 콘텐츠를 제공하는 것뿐만 아니라 각각의 위치에서 역량을 발휘할 기회를 제공하는 운영자로서의 나윤희로 성장하고 싶다.

05

뇌와 마음의 교향곡을 만드는 뇌 교육자

박정희

주요 경력

브레인앤마인드센터 대표

한국뉴로카운슬링협회 대표

전) 교육부 장학관

전) 인천교육연수원장

전) 싱가포르한국국제학교장

명강사 시크릿 / 01   배우고 가르치는 인생, 강사로서의 나의 여정

나는 인생 대부분을 학교에서 보냈다. 초등학교에서 대학원 박사까지 20년은 학생으로, 40년은 교사로 학교에 다녔으니 학교가 곧 내 인생이다. 나는 배우고 가르치며 그곳에서 인생을 배웠다. 학교 공간에서 인생을 살아온 것은 내게 축복이었다. 내게 가르치는 일은 보람이었고, 배움은 곧 기쁨이었다.

어찌 보면 배우고 가르치는 것은 나의 숙명이다. 배우고 가르치는 사람으로 살았던 내가 강사의 길을 걷는 것은 너무나 당연한 일이다. 가르치는 대상만 바뀌었을 뿐…. 선생의 업을 가지고 태어난 내가 선택한 길, 그것이 강사이다. 예전에 아이들을 가르쳤다면, 이제는 아이들의 엄마, 아빠, 선생님에게 선생님이 되어 주고 싶다.

인생의 황혼 길에 들어선 선배 시민으로서 그들의 인생을 더 빛나게 만들어 주고 싶다. 누구나 원하는 삶이 내 속에 있다. 모두 자신을 변화시킬 무한한 에너지를 가지고 있다. 그들이 미처 못 보았던 자신을 찾아 주고, 지쳐 힘들어 하는 그들에게 위로와 응원의 메시지를 전하고 싶다. 나는 누구일까? 나는 뇌이고, 뇌는 나다. 나를 알아가는 것은 뇌를 아는 것이고, 뇌를 알면 나를 찾을 수 있다. 강의를 통해 뇌 깊숙이 뿌리내린 아픈 상처를 치유해 주고, 내가 잃어버린 무한 능력을 다시 일깨워 주고 싶다. 누구나 인생의 주인공이 되고, 인생을 새롭게 튜닝하면서 자신의 이야기를 만들어 가도록 안내할 것이다. 오늘도 엄마, 아빠, 선생님들의 선생님이 되어 다시 강단에 서고 있다.

명강사 시크릿 02 성공적인 강사의 조건은 '배움의 근력'에서 나온다

우리가 각자 강사의 길에 들어선 이유는 다 다르다. 실직, 퇴직, 폐업, 방황 끝에 강단에서 서게 된 강사도 있다, 인생의 벼랑 끝에서 강사의 길을 걷는 강사들도 의외로 많다. 그 절박함을 소명으로 바꾼 사람들의 이야기도 제법 많다. 어떤 사연으로 강사의 길을 걷더라도 내가 강사의 길을 선택한 이상, 그것이 나의 소명이 되어야 한다. 그 일을 시작하면 그 일이 나의 천직이라는 마음 자세가 중요하다. 이런 마음이 없으면 남을 가르치는 것만큼 힘든 일이 없다.

가르치는 일에 40년을 몸담았는데도 늘 강의 끝은 만족감보다는 아쉬움이 더 많다. 눈을 마주치지 않은 수강생, 졸고 있는 사람, 강의실에서 휴대전화를 보고 있는 사람 등…. 그런 수강생을 만나면 강사는 힘이 빠진다. 강의 장소마다 다른 사양의 기기나 예기치 않는 기자재의 오작동으로 강의를 제대로 풀어내지 못하고 온 날은 온종일 목덜미가 뻐근해진다. 강의하고 난 뒤 가장 큰 장애물은 내가 스스로 느끼는 나의 한계점이다.

그것은 누가 평가한 것이 아니라 나 스스로 나에게 하는 평가이다. 그만큼 가르치는 것은 쉬운 것이 아니다. 그럴 때마다 다시 힘을 주는 것은 내 뼛속까지 심어진 소명감이다. 소명감이 있는 사람은 누구를 만나든, 어떤 대접을 받든, 어떤 상황이든 그 일을 해야 하는 사람이기 때문에 언제든 다시 일어날 수 있다. 강사 자신의 한계점을 극복하는 가장 중요한 것은 '공부'이다. 강사는 가르치는 사람이지만 더 한 발짝 나아가면 늘 배우는 사람이다. 강사가 배우는 것을 등한시하거나, 배우는 것을 그다지 좋아하지 않으면 오래 살아남기 어렵다. 운동선수가 몸의 근육을 단련하는 것처럼 강사는 배움의 근력을 키워야 한다. 강사의 저력은 배움에서 나온다. 성공한 강사 중 대부분은 배우는 것을 즐기며 늘 새로운 흐름을 공부한다.

나의 공부 범위는 교사라는 직업을 위한 교직 분야 중심에서 점차로 사회, 문화, 정치, 경제에서 이공계 쪽으로 옮겨가기 시작했다. 문과 계열에서 이과 계열을 넘어가는 것은 전혀 생각지도 못한 일인데, 성인이 되어 배운 이공계 공부는 내 생각과는 달리 나에게 너무 잘 맞았다. 그동안 내가 공부한 것은 인간의 마음과 심리 등 질적으로 풍부한 인문학적 중심의 학문과 증거와 데이터, 사실과 증명을 바탕으로 한 양적 학문인 자연과학이었다. 그런 공부를 할 수 있었던 배경에는 디지털 시대의 도래가 있다. 디지털 공간에서 이루어지는 학습 혁명을 통해 누구나 배우고 싶은 욕구만 있으면 언제든지 우수한 스승을 만날 수 있었다.

과거 같으면 정년퇴직한 후 인생의 업을 내려놓고 한가하게 인생을 보낼 터인데, 지금은 나이와 상관없이 정년 없는 업을 내가 만들 수 있는 세상이 되었다. 디지털 시대는 강사에게는 너무나 큰 시장이며, 황금을 주워 담을 수 있는 광산이다. 물론 이처럼 좋은 환경은 강사에게는 독이 될 수 있다. 내가 아는 지식을 이미 다른 사람도 너무 잘 알고 있어 설 자리가 점점 줄어들 수 있다. 그러므로 강사는 늘 공부해야 한다. 자전거가 페달을 밟지 않으면 금방 멈추듯이 늘 페달을 밟아야 한다. 누구나 다 아는 지식이라도 나만의 콘텐츠로 새롭게 만들면 다른 지식이 된다. 콘텐츠는 공부를 통해서만 찾을 수 있다.

강사로 성공하고 싶다면, 강사로 성공한 사람들을 다양한 방식으로 가까이 해야 한다. 이것은 여러 논문에서도 증명하고 있다. 반두라 (Albert Bandura, 1925-2021)의 연구는 사람들이 타인의 행동을 관찰하고 모방함으로써 학습할 수 있음을 보여주었다. 성공한 사람들과 가까이 있으면서 그들의 행동, 태도, 문제해결 방식 등을 관찰하고 배움으로써 개인의 성공 가능성을 높일 수 있다.

교육연수원 원장으로 근무할 때 가장 주된 업무는 질 높은 강의를 제공하기 위해 강사를 잘 모셔오는 일이었다. 매월 담당 부서에서 강의기획서가 만들어지면 강의 진행자들이 모여 강사를 선정한다. 강사 선정 시 중요하게 여기는 항목이 있다. 그것은 강의에 열정적이고 연수생의 수준에 맞게 강의하느냐이다. 아무리 유명하고 전문 지식이 많은 강사라도 강의에 열정이 없는 강사는 다음 강의에서 선택되지 않는다. 강의 평가가 무조건 좋다고 강사로 모시는 것도 아니다. 강의가 재미있고 즐거웠지만, 내용이 없으면 불평이 나온다. 교육은 재미있고 즐거워야 하나 그 강의가 연수생에게 의미가 있어야 한다. 의미가 있어야 강사에게 배운 지식이 살아 움직인다.

강사의 열정은 단기간에 만들어지지 않는다. 최고의 강사들은 일상생활에서 남들과 차이가 있다. 다들 하루하루를 진지하게 열정과 소명으로 살아가고 있다. 그런 모습들이 강의 내용보다 더 먼저 와닿는다. 목소리를 소리 높이지 않아도 말투, 외모, 눈빛 등 강사의 인품이 퍼져 나온다. 그래서 강사의 길에 들어서는 사람이라면 자신의 삶을 열정적으로 살아가야 한다. 열정과 소명 의식이 있는 강사는 명강사로 성장할 가능성이 크다. 명강사는 단순히 지식만 전달하는 것이 아니라 사람의 인생에 영향을 미친다.

명강사 시크릿 *03* 강의의 질과 지속성을 높이는 비결, 나만의 콘텐츠 만들기

강사의 길을 걷기 위해서는 자신만의 강의 주제를 찾아야 한다. 강의 주제는 나의 브랜드이며, 나의 무기이다. 그러므로 남들이 다 하는 것, 유행을 타는 것을 생각없이 선택하면 강의하는 시간이 괴롭고 힘들다. 지금부터 나만의 강의 주제를 찾는 방법을 공개하겠다.

우선 자신이 가장 잘 알고 있는 분야나 전문 지식을 목록으로 작성해 본다. 나의 전문 지식은 내 강의의 기본적인 내용이 될 것이다. 필자의 경우 기존 상담에 뇌과학을 접목한 주제를 찾아보았다. 예를 들어 뇌 교육의 기본 원리와 실제 적용, 뇌 기반 상담 기법과 사례, 학부모를 위한 뇌 교육 전략, 뇌 교육사 자격과정 이론 및 실습, 뇌 건강을 위한 일상 습관 등이 있다.

나만의 주제를 찾기 위해서는 다양한 강사 양성 과정에 참가하여 공부하는 방법도 있다. 요즘에는 성교육, 학교 폭력 예방 교육, 노년 치유 교육, 뇌 교육 등 다양한 주제의 강사 양성 기관이 많다. 필자가 직접 운영하는 브레인앤마인드센터에서도 뇌 교육사 자격증이 있다. 이 과정을 이수한 학부모 중 학교에 나가 브레인 선생님으로 활동하는 사람도 여럿 있다. 이들 중 몇 명은 뇌 교육 외에도 법정 교육 강사 양성 과정에 들어가 교육을 받은 뒤, 법정 의무교육 강사로도 활약하고 있다. 이럴 듯 강의를 처음 시작하는 분들은 여러 강사 양성 기관에서 훈련받고 강사로 첫 발을 뗄 수 있다.

강사 세계에는 강사들이 넘쳐난다. 내가 아무리 전문성이 있더라도 현재 교육 시장 흐름에 맞지 않으면 강의 요청을 받거나 수강생을 모집하기 힘들다. 전문성 있는 분야라도 주제를 어떻게 잡느냐가 매우 중요하다. 필자의 경우는 뇌 교육을 주로 하므로 뇌 교육이 왜 필요한지를 세상에 알리는 것이 중요했다. '뇌'라는 단어가 주는 생물학적 개념이 너무 뿌리내려 '뇌'를 정신적 현상으로 보는 경향이 많았다. 대중성 있게 다가가기 위해 현재 디지털 세계에 빠진 사람에 관한 이야기로 이슈를 선점했다. 디지털 시대에 인간의 뇌는 점차 약해지고, 이로 인한 심리적·정서적 문제가 대두되므로 뇌 교육의 절실하다는 것을 알렸다. 그래서 나온 것이 사춘기의 뇌, 뇌기반 학습법의 효과, 정신건강과 뇌의 관계, 뇌 기반 상담 기법 등이다. 이러한 주제는 대중의 흥미와 관심을 끌었다. 이처럼 전문성이 있더라도 대중들이 좋아하는 분야로 다가가야 한다.

나만의 콘텐츠를 만드는 것에서 빠질 수 없는 것이 강사 자신이 재미있고 열정적으로 이야기할 수 있는 주제이어야 한다는 것이다. 이는 강의의 질과 지속성을 높이는 데 중요한 요소이다. 심오한 학문 분야가 아니더라도 내가 잘할 수 있는 분야를 시도해 보는 것을 권한다. 내가 아는 지인 중에 어떤 이는 공책에 필기를 예쁘게 잘 한다. 디지털 시대에는 글씨 쓸 일이 없지만, 오히려 그것이 틈새시장이다. 컴퓨터 자판에 익숙하다 보니 글씨를 못 쓰는 사람들이 주변에 너무 많다. 글씨 잘 쓰는 법을 가르치는 것도 의미가 있다.

아무리 내가 잘 아는 주제이더라도 자신이 그 내용에 열정과 관심이 없는 강의는 오래가기 어렵다. 필자는 뇌과학과 상담에 흥미와 경험이 많아, 두 개의 주제를 융합한 새로운 주제를 만들었다. 그것이 뇌 기반 상담 기법이다. 새로운 분야를 개척하고 나만의 콘텐츠로 만드니 뇌 교육의 가치를 전파하는 일에 열정을 가지게 되었다.

강의를 듣게 될 잠재 수강생의 요구와 관심사를 조사하는 것이 필요하다. 이들이 어떤 문제를 해결하고자 하는지, 어떤 지식이 있어야 하는지 파악하는 것이다. 실제로 필자도 나만의 콘텐츠 개발을 위해 거의 1년간은 청중의 요구 분석을 진행했다. 무료 강의도 했고, 지인들에게 뇌기능검사도 해주고, 학부모를 만나 가정 내에서 자녀와의 가장 큰 갈등이 무엇인지를 알아보았다. 그리고 그 문제를 해결하기 위해 무엇이 필요한지, 어떤 서비스가 있으면 좋을지, 무엇을 원하는지를 조사하였다. 그때 만든 주제가 사춘기 자녀의 뇌 발달, 나이별 뇌 발달의 특징, 뇌와 학습 능력 향상, 유능한 뇌를 만드는 방법, 뇌와 정서적 안정 등이었다.

뇌 교육사 자격증 과정을 만든 것은 교사들을 만나고 나서였다. 교사들은 뇌 교육사 자격 과정에 관심이 많았고, 전문적인 뇌 교육 이론과 실습을 원하였다. 새롭게 창업을 하고 싶어 하는 사람들은 뇌 기반 상담의 실습, 뇌기능분석법 등 비즈니스와 관련한 상담 기법과 사례, 홍보전략, 개업 방법 등에 도움을 받고자 했다. 이처럼 같은 주제일지라도 대상자에 따라 요구하는 주제가 달라질 수 있다. 그러기 때문에 미래의 수강생에 대한 요구 분석이 필요하다.

나만의 강의 주제를 찾기 위해서는 전문성, 시장 흐름, 청중의 요구, 그리고 개인적인 열정을 자세히 살펴보면서 강의 주제를 선정하고 강의를 기획해 나가야 한다. 강의를 처음 기획하시는 분이나 새로운 강의 기획을 하고자 하는 분들은 이 점을 꼭 기억하기 바란다.

강의자료와 교육 콘텐츠는 강의의 질을 결정짓는 중요한 요소이다. 강의가 재미있고 유익 하려면 내용에 맞는 콘텐츠가 필요하다. 강의 전 강사가 가장 많은 시간과 아이디어를 투입하는 것이 콘텐츠 제작이다. 강의의 꽃은 콘텐츠이다. 강의가 빛나고 수강생들 가슴에 남아 있으려면 콘텐츠가 살아 움직여야 한다.

시각적으로 명확하고 깔끔하게 제작된 디자인이 필요하다. 도표, 이미지, 동영상 등을 활용하여 내용을 쉽게 이해할 수 있도록 준비한다. 강의 내용이나 주제에 따라 콘텐츠도 달라질 수 있다. 내 경우는 뇌 교육 강의이기 때문에 일반 수강생들이 어려울 것이라는 선입감을 가지고 있다. 그래서 매우 쉽게 강의에 접근하기 위해 내용에 따라 비주얼 디자인을 달리하고 있다. 도표와 그래프는 뇌의 구조와 기능, 뉴런의 작용, 뇌 기반 상담 기법 등을 설명할 때 활용한다. 특히 뇌 기반 상담의 필요성을 설명할 때 각종 통계나 상황을 나타낸 도표나 그래프를 제시하면 수강생을 더 쉽게 설득할 수 있었다. 말 한 마디보다 잘 만든 도표나 그래프가 더 강력하다.

복잡한 이론이나 개념을 쉽게 전달하기 위해 사진과 이미지를 사용한다. 수강생이 뇌과학에 대한 기초 지식에 대한 사전 지식이 없는 경우, 개념 이해에 어려움을 겪는다. 그렇게 되면 수업은 금방 지루해지고 산만해진다. 지식이나 개념을 설명할 때 이미지는 이해를 돕는다. 동영상은 수업의 이해도를 높이는 데 압도적이다. 뉴런의 활동성, 운동과 뇌의 관계 등 다양한 주제를 담은 동영상으로 보여주면 딱딱한 뇌과학도 부드러운 이야기가 된다. 강의자료는 간결하고 명확하게 작성한다. 전달하고 싶은 것이 많더라도 핵심 정보 중심으로 구성한다. 정보가 너무 많으면 오히려 공해가 된다. 지나치게 많은 정보를 제공하려는 욕심을 버려야 한다. 핵심 정보를 찾아 주요 개념과 정보를 간결하게 정리한다.

강사들은 그 분야에서는 전문지식인이기 때문에 전문 용어를 쓰는 데 익숙하지만, 강의를 진행할 때에는 용어도 수강생 눈높이에 맞추어야 한다. 복잡한 전문 용어는 쉽게 이해할 수 있는 언어로 설명한다. 예를 들어, '뉴런의 시냅스 연결' 대신 '뇌세포가 서로 연결되는 과정'처럼 표현하는 것이 좋다.

강사 내용 중 중요한 부분은 요약하거나 강조 표시를 한다. 예를 들어, 슬라이드의 주요 포인트를 굵은 글씨나 색상으로 강조하는 방법이다. 텍스트, 오디오, 비디오 등 다양한 형식의 콘텐츠를 활용하여 학습자들이 여러 감각을 통해 학습할 수 있도록 한다. 강의 노트, 요약본 등 텍스트 자료를 제공하여 학습자들이 내용을 쉽게 복습할 수 있다. 강의 내용을 녹음하여 오디오 파일로 제공하면, 이동 중에도 학습할 수 있다. 내 경우는 뇌 기반 상담 기법을 오디오 파일로 제공하여 수강생들이 반복해서 들을 수 있게 한다. 요즈음에는 강의 내용을 동영상으로 제작하여 시각적 학습을 지원하기도 한다.

강의자료는 지속해서 업데이트하고 개선한다. 한번 강의자료를 만들면 수정 없이 계속 쓰는 경우가 있는데 변화 발전이 없는 강사는 생명이 짧다. 강의자료를 조금씩 수정하고 업그레이드하면서 강사도 성장하고 수업의 질도 높아진다. 수강생의 피드백을 수렴해서 강의 콘텐츠의 질을 높인다. 예를 들어, 특정 부분이 이해하기 어려웠다는 피드백이 있으면 해당 부분을 더 쉽게 설명하도록 수정한다. 필자는 최신 뇌과학 연구 결과나 새로운 상담 기법 등을 지속해서 반영하여 강의 내용을 업데이트하고, 최신 뇌과학 연구 동향을 반영하여 뇌교육의 최신 경향을 소개한다. 정기적으로 강의자료를 검토하고, 내용의 정확성 및 최신성을 점검하여, 항상 최신 정보와 방법론을 제공할 수 있도록 한다.

명강사 시크릿 04 강사는 언어를 연주하는 지휘자이다

강사의 지도력은 오케스트라 지휘자의 역할과 많은 면에서 유사하다. 지휘자는 다양한 악기와 연주자를 조율하여 하나의 완벽한 하모니를 만들어 내고, 강사는 다양한 배경과 학습 스타일을 가진 청중을 이끌어 하나의 학습 목표를 향해 나아간다. 지휘자와 강사 모두 팀의 성과를 극대화하기 위해 지도력을 발휘하는데, 이 과정에서 몇 가지 중요한 공통점이 있다. 지휘자는 연주할 곡의 비전과 방향을 명확히 제시하여 연주자들이 곡을 이해하고 표현할 수 있도록 한다. 강사도 마찬가지로, 강의 시작 전에 명확한 목표와 기대치를 제시하여 청중이 학습의 방향을 이해하고 준비할 수 있게 한다. 강의 첫 부분에서는 강의의 목표와 수강생이 받을 이점을 소개함으로써 강의 목표를 달성하고자 한다.

몇 년 전 고등학생을 대상으로 한 〈경기 꿈의 대학〉 프로그램에 참여하여 '뇌과학과 심리학의 만남'이라는 주제로 한 학기 동안 매주 1회 2시간씩 34차시에 걸쳐 강의한 적이 있다. 경기도 내 지역에서 고등학교 대상으로 한 강의이기에 첫 시간에 학기 동안 다룰 주요 주제와 학습 목표를 명확히 설명한 적이 있다. 특히 이 강의를 다 듣고 나면 어떤 이점이 있는지를 알려주었다. 강의 첫 시간에 자세한 강의 목표와 강의 후 이점을 설명하고 진행된 수업과 그렇지 않은 수업의 참여도는 큰 차이가 있었다. 시작할 때 자세한 강의 소개는 학생들은 이를 통해 자신이 어떤 방향으로 공부해야 할지 명확히 이해하고 동기부여를 받았다. 마치 지휘자가 연주 시작 전에 곡의 전체 구조와 분위기를 설명하는 것과 같았다. 강사는 강의할 내용을 모두 숙지하고 강의실에 들어가야 하며, 어설프게 기획한 후에 강의에 임하면 완벽한 강의를 하기는 어렵다. 그래서 강의 전에 사전 연습이 필요하다.

강사에게는 강의 중 일어나는 돌발 변수에 대한 실시간 대처 능력
이 필요하다. 지휘자는 연주 중에 발생하는 모든 상황에 즉각적으로
반응하며, 필요한 조정 과정을 통해 연주를 이어간다. 강사 역시 강의
도중 청중의 반응을 살피고, 필요에 따라 강의 내용을 조정하거나 방
법을 변경하여 학습 효과를 극대화하여야 한다. 수강생들이 졸거나 핸
드폰을 보고 있고, 강의에 집중하지 못하는 데도 혼자 강의하고 나오
는 강사도 적지 않다. 또한 예기치 않는 돌발 상황이 일어나면 당황하
여 준비한 내용을 제대로 전달하지도 못하고 마무리하는 때도 있다.
매 순간 강의실에서는 예기치 않는 일들이 일어난다. 그럴 때마다 강
사는 그 상황을 슬기롭게 대처할 수 있는 즉각적이고 현명한 판단과
행동을 해야 한다.

필자는 교사를 대상으로 뇌 교육 연수를 자주 진행하고 있다. 우선
교사 집단은 늘 교단에서 가르치는 일이 주 업무이기 때문에 교수-학
습에는 자부심이 크다. 그들의 마음의 문을 열어 강의에 적극 참여하
게 만들려면 나름의 비법이 있어야 한다. 연예인급으로 유명한 인지
도 있는 강사는 먼저 다가가지 않아도 청중이 먼저 귀를 열고 다가오
지만, 보통의 강사는 수강생 마음 열기가 쉽지 않다. 필자에게는 나만
의 비법이 있는데, 필자가 교직에 머물렀던 경력을 말해준다. 특히 교
육부에서 위 센터, 위클래스를 직접 기획한 사람이라고 소개하면 다들

놀라는 경우가 많다. 공직에 있을 때 나왔던 신문 기사나 다큐멘터리를 보여주면 한순간에 경계심이 무너지는 것을 느낀다. 수강생들이 눈빛에서 강사를 받아들이고 있다는 것을 느낀다.

강의에서 가장 강력한 발표 수단은 강사 자신이다. 강사가 가지고 있는 음성과 표정, 시선 등이 다른 시각 자료보다 더 강력하다. 명확하고 자신감 있는 음성으로 발표하는 것이 중요하다. 발표 연습을 통해 적절한 속도로 말하고, 중요한 부분에서 목소리 톤을 조절하여 강조점을 주는 연습을 한다. 녹음을 통해 자신의 발표를 들어보고 개선할 부분을 찾는 것도 좋은 방법이다. 강사의 음성이 너무 낮으면 수강생은 졸고, 톤이 너무 높으면 금방 피로해진다. 너무 큰 목소리는 불안을 조성하고, 너무 낮으면 전달 내용을 알아듣기 어려워 짜증을 유발한다. 강사는 매 순간 강의장의 크기와 수강생의 특징 등 실시간 주변 환경을 바탕으로 자신을 조정해야 한다.

강사는 몸짓과 표정을 통해 청중과 효과적으로 소통한다. 자연스러운 손짓, 몸짓, 그리고 적절한 눈 맞추기를 통해 청중과의 연결을 강화할 수 있다. 또한 무대 위에서의 위치 변화나 움직임을 통해 청중의 관심을 유도할 수 있다. 수강생이 되어 강의를 듣다 보면 강사가 한 위치에서만 계속 서있으면 강의가 살아 있다는 느낌이 들지 않는다. 강사는 강의 공간을 적절하게 확보하여 좌, 우, 앞, 뒤를 자연스럽게 움직이면서 강의를 진행한다. 수강생은 강사의 이동에 따라 긴장이 높아지고 낮아지는 리듬을 타면서 강의에 몰입한다. 강사의 자연스러운 비언어적 표현은 강의의 맛을 한층 높여준다. 강사의 표정은 또 하나의 교육과정이다. 강사가 다양하게 변화하는 표정이나 몸짓만 봐도 수강생은 즐거울 때가 많다.

강의 중에 질문은 수강생의 참여와 소통을 극대화할 수 있고, 내면을 들여다볼 수 있는 길이다. 강사는 강의 내용을 기반으로 수강생이 생각할 만한 핵심 질문을 미리 준비한다. 이때 질문들은 강의 주제와 관련하여 청중이 깊이 생각하고 토론할 수 있는 주제로 선택할 수 있다. 예를 들어 강의 주제가 〈스트레스와 뇌과학〉이라면, 핵심 질문은 다음과 같은 것이 있을 수 있다.

"스트레스를 관리하는 가장 효과적인 방법은 무엇이라고 생각하십니까?"

"일상에서 스트레스를 느낄 때 주로 어떤 반응을 보이시나요?"

다양한 질문 기법을 사용하여 청중의 참여를 끌어낸다. 예를 들어, 열린 질문(open-ended questions), 닫힌 질문(closed-ended questions), 반문(rephrasing questions) 등을 적절히 활용한다. 열린 질문은 청중의 자유로운 의견을 유도하고, 닫힌 질문은 특정 정보를 확인하는 데 유용하다. 열린 질문은 "여러분은 어떤 스트레스 관리 기법을 사용해 보셨나요? 그 경험을 공유 해주세요."처럼 다양한 경험을 공유할 수 있다. 닫힌 질문은 "뇌 교육 기법 중 호흡 조절을 사용해 보신 분 계신가요? 손을 들어보세요."처럼 수강생의 사전 학습이나 지식을 알아보는 데 유용하다.

토론을 활성화하기 위한 질문도 있다. 수강생을 소그룹으로 나누어 토론을 진행한다. "이제 각 그룹에서 스트레스 관리에 효과적인 방법에 대해 논의해 보세요. 10분 후에 각 그룹의 대표가 발표하도록 하겠습니다."처럼 모든 청중이 적극적으로 참여할 기회를 제공한다. 각 그룹의 대표가 나와서 토론 결과를 발표하여 팀별 토론 내용을 공유할 수 있다.

역할 놀이를 통해 청중이 다양한 관점에서 문제를 생각해 보도록 할 수 있다. "역할 놀이를 해보겠습니다. 한 그룹은 스트레스를 많이 받는 직장인 역할, 다른 그룹은 그 직장인을 돕는 상담가 역할을 맡아주세요. 각자의 역할에 맞게 대화해 보세요."라고 특정 상황에서 서로 다른 역할을 맡아 그 관점에서 토론하게 한다. 이는 청중이 다양한 시각에서 문제를 이해하는 데 도움이 된다.

이처럼 토론을 활성화하기 위한 질문은 우선 수강생 전체가 참여하여 자신의 의견을 표현할 좋은 기회이며, 강사로서는 소그룹 진행을 지켜보면서 잠시 숨 고르기를 위한 시간이기도 하다. 수강생이 직접 활동하는 소그룹 활동이나 역할 놀이 등은 전체 수업 내에서 적절한 시간 배정이 필요하다. 자칫 소그룹으로 지나치게 시간을 소요할 때는 강사의 역할이 축소되어 강사의 강의력에 강력한 인상을 받지 못할 수 있다. 반대로 강사 위주의 강의는 수강생 관점에서는 강사의 일방적 수업 형태로 참여도가 낮을 수 있다.

요즘에는 디지털 도구를 활용하는 질문이 대세이다. 그 중 하나가 실시간 투표이다. 예를 들어 모바일 앱이나 온라인 플랫폼을 통해 즉각적으로 청중의 의견을 수집하고, 그 결과를 실시간으로 공유하여 토론을 유도할 수 있다. "이제 실시간 투표를 통해 스트레스 관리 방법 중 가장 효과적이라고 생각되는 것을 선택해 보세요."라고 이야기하며, 모바일 앱을 사용하여 투표 결과를 실시간으로 보여주고, 그 결과를 바탕으로 토론을 유도한다.

강의 중에도 소통을 이어가기 위해 온라인 채팅방을 운영할 수 있다. 대면수업 시 다른 사람들 앞에서 말하는 것이 부담스러운 사람들을 위해 소통할 기회를 마련해 주는 것이다. "강의 후에도 지속적인 논의를 위해 온라인 채팅방을 운영하겠습니다. 여러분의 질문과 의견을 계속 공유해주세요."라며 강의 이후에도 상당한 의견과 정보를 공유하는 것이 가능하다. 특히 필자가 진행하는 강의 경우는 심리 정서적 어려움을 겪는 사람들이 듣는 경우가 많아 남들 앞에 나서서 이야기하는 것을 꺼리는 사람도 있다. 이럴 때 혹시 궁금한 것이나 잘 이해가 되지 않는 부분을 채팅방에 남겨 달라고 하면 많은 사람이 참여한다. 이처럼 채팅방 운영은 수강생과 소통을 이끄는 좋은 방법이다.

명강사 시크릿 05 나만의 브랜드로 세상에 나서다, 강사의 시작과 성공 전략

강사 일을 시작하는 것은 자신의 이름을 만드는 것과 같다. 먼저 브랜드를 만들어 세상에 나올 수도 있고, 강의 활동을 하면서 나만의 브랜드가 생겨나기도 한다. 필자의 경우는 먼저 브랜드를 만들고 강사 활동을 시작한 경우이다. 사업체를 먼저 꾸려나가면서 강의 활동을 시작했다. 공직에 있으면서 심리상담과 관련된 업무를 주로 담당했으며, 정책기획 분야에도 몸담고 있었다. 그런 경험을 바탕으로 뇌과학과 심리학의 융합이라는 차별화된 메시지를 만들었다.

"미래를 예측하는 가장 좋은 방법은 그것을 창조하는 것이다."라는 피터 드러커의 말처럼 필자는 새로운 분야를 개척했다. 차별화된 메시지를 전달하기 위해서 나만의 캐치프레이즈, 로고, 색깔 등 브랜딩 작업을 했다. 상호를 〈브레인앤마인드센터〉로 정하고 그곳을 '뇌와 마음을 이어주는 공간'이란 캐치프레이즈를 담아 정체성을 심어주었다. 마음은 곧 뇌의 작용이고, 마음의 치유는 곧 뇌 훈련이라는 의미이다. 로고는 둥근 원, 즉 뇌를 상징하고, 초록색은 평온함을 나타냈다. 이런 사업체의 브랜딩 과정에서 나의 브랜드도 함께 만들어 나갔다.

어느 정도 사례들이 모이고 이 분야에 대한 확신을 서면서 블로그를 쓰기 시작했다. 현재 블로그는 두 군데를 관리하고 있는데, 하나는 뇌 교육자로서의 전문성을 표현하는 뉴로카운슬링 분야이고, 하나는 내가 운영하는 브레인앤마인드센터의 홍보 및 사례 소개 중심으로 이루어지고 있다. 블로그를 잘 관리하고 쓴다는 것은 그리 쉬운 일이 아니다. 블로그를 꾸준히 쓰고 올리는 작업은 그야말로 자신과 싸움이다. 한국강사교육진흥원에서 진행하는 2024년 블로그 챌린지를 1월 1일부터 시작했다.

그날부터 지금까지 하루도 빠지지 않고 블로그에 글을 써서 올렸다. 맨 처음 몇 달은 블로그에 글을 쓴다고 해서 나에게 무슨 혜택이 있을까 생각한 적도 있다. 하지만 내가 아는 지식을 정리하고, 매일 글을 쓰는 과정은 나를 브랜딩하는 과정이다. 글이 모이자, 나의 갈 길이 보였고, 내 글 속에서 나의 정체성을 볼 수 있었다. 브랜딩은 시각적 이미지를 주는 로고가 아니다. 브랜드야말로 나의 정체성이기 때문에 날마다 변화하고 발전하는 방향으로 가야 한다.

'뉴로카운슬링'과 '뇌 교육자'가 나의 핵심 브랜드다. '브레인마인드센터'를 설립하고 지금 성장시키기까지의 과정은 많은 도전과 배움의 연속이었다. 처음 이 길을 선택했을 때의 취지는 뇌과학과 심리학 두 가지 분야를 결합한 새로운 형태의 상담인 '뉴로카운슬링'을 상담영역 적용하는 것이었다. 하지만 이는 결코 쉬운 일이 아니었다. 처음 시작했을 때는 '뉴로카운슬링'의 낮은 인지도가 문제였고, 자본과 인프라도 부족했다. 명퇴 후 시작한 새로운 길이라서 실패에 대한 두려움도 있었다. 그래서, 일터보다는 놀이터에 더 비중을 실었다. 돈을 벌어야겠다는 생각보다는 정서적 어려움을 호소하는 사람들을 도와주는 데 우선적 목적을 두었다.

나만의 철학과 가치를 믿었고, 미래 뇌 산업의 밝은 전망을 알기에 흔들리지 않고 나아가고 있다. 창업 후 1년간은 무료 강의, 지인 중심의 소규모 강의, 워크숍을 통해 조금씩 인지도를 쌓아갔다. 뇌 기반 상담이라는 전혀 낯선 분야를 알리는 일이 급선무였다. 뇌에 대한 부정적 인식과 낮은 인지도 때문에 일반인들에게 접근하기가 쉽지 않았다.

나의 마케팅에는 두 가지 전략이 있다. 필자의 경우는 현재 브레인앤마인드센터를 운영하면서 강사 활동을 하고 있다. 사업체 대표로서의 나와 강사로서의 나는 다르다. 센터의 마케팅 전략은 자발적 소문 마케팅, 즉 지인 소개형 마케팅이다. 상담은 드러내고 싶지 않은 사적 문제를 도와주는 것이기 때문에 내담자가 나를 찾게 만들고 있다. 다른 상담센터와 차별화되는 것이 있다면 바로 소수 집중 전략이다. 많은 사람을 상담하는 것보다 정말 상담이 필요한 소수에게 장기적 관리와 훈련으로 원천적 문제를 해결하는 방향으로 차별화하고 있다.

필자의 경우처럼 사업체와 강의를 함께 운영하는 사람이 수요를 창출하기 위해서는 먼저 표적 시장이 명확해야 한다. 나의 강의가 가장 효과적으로 전달될 수 있는 대상이 누구인지 파악해야 한다. 사업체를 운영하면서 나오는 수많은 사례가 곧 강의 콘텐츠가 되고, 이것을 마케팅에 활용한다. 무료 강의나 세미나로 고객의 참여를 유도하는 것도 마케팅 전략이 될 수 있다. 다양한 마케팅 채널을 통해 고객과의 접점을 늘리고, 그들이 강의에 참여할 수 있는 동기를 부여하는 것이 필요하다. 때론 무료 체험 강의를 제공하고, 그 후 정규 강의에 등록하도록 유도할 수도 있다.

우리 센터에서 진행되는 강의 마케팅은 브레인앤마인드 센터를 홍보하거나 고객을 늘리는 좋은 창구이다. 강좌를 들은 사람들이 가족을 데리고 와서 상담을 받거나 뇌기능검사를 하는 경우가 꽤 많다. 강의는 단지 지식 전달을 넘어 궁극적으로 브레인앤마인드센터의 성장에도 영향을 미치고 있다. 강의 중에 나온 강의 후기를 적극적으로 공유하고, 강의를 들은 사람들이 자신의 경험을 다른 사람들과 공유하도록 부탁하는 것도 잊지 말아야 한다.

1인 강사로 활동하면서 브랜딩하고 마케팅 전략을 세우기가 쉽지는 않다. 그렇지만 디지털 시대에는 조금만 눈을 돌리면 과거보다 나를 홍보할 수 있는 길이 많다. 간단한 몇 가지 기술만 장착해도 나 스스로 홍보를 할 수 있는 사이버 세상이 앞에 있다는 것을 꼭 알아야 한다. 깊고 전문적인 지식을 지닌 강사만 높은 인지도를 갖는 것이 아니라 1인 사업자도 얼마든지 빛날 수 있는 세상이다. 그러기 위해서는 디지털 세상과 소통하는 기본적 기술을 갖추어야 한다. 아날로그 시대에서는 글을 알아야 읽고, 써서 대중에게 나를 알렸다면, 디지털 세상은 디지털 기술을 알아야 세상과 소통한다. 지금은 찍고, 보고, 듣는 세상이다. 따라서 디지털 세상에 매일 기록하고 찍고 만들고 하는 순간들이 모여서 나의 브랜드와 마케팅이 함께 살아 움직인다.

학습자와 함께 만드는 꿈, 강사의 비전과 사명

나는 자주 이런 꿈을 꾼다. 과연 내가 몇 살까지 일을 계속할 수 있을까? 답은 죽기 전까지이다. 내 주변에서는 이제 좀 쉬어도 되는데, 왜 이렇게까지 일을 하려고 하냐고 염려 어린 말들을 해주는 사람이 적지 않다. 물론 그 말도 맞는 말이다. 40여 년을 공직에 있었기에 쓸 만큼의 연금도 나오니 여행이나 다니면서 여생을 보내는 것도 괜찮을 것이다.

그런데도 그지 일을 하는 그것은 쉬는 인생보다 일하는 인생이 재미있고 행복해서이다. 뇌과학과 심리학을 공부하면서 인간은 일을 놓으면 안 된다는 생각이 더욱 공고해졌다. 뇌는 쓰지 않으면 망가지고, 쓰면 쓸수록 유용해지는 것이 인간 뇌의 특징이다. 우리가 움직인다는 것은 살아 있다는 증거이며, 일을 할 수 있다는 것은 존재한다는 증거이다. 일하면서 맛보는 휴가는 달콤하지만, 휴가만 있는 삶은 왠지 나에게는 슬픈 삶일 것 같아 난 이 길을 선택했다.

강사든 사업체든 언제나 도전과 성장의 연속이다. 안정된 직장을 저버리고 처음 사업체와 강사로서의 길을 걷기 시작했을 때, 나는 단지 교육자에 머물기를 원치 않았다. 뇌 교육과 심리학을 융합한 새로운 방식으로, 학습자들의 삶에 실질적인 변화를 꾀하고자 하는 강렬한 열망이 생겼다. 이 여정을 통해 만난 수많은 학습자와의 소중한 만남은 나에게 끊임없는 영감을 주었고, 그들이 변화하고 성장하는 모습을 지켜보며 나 또한 함께 성장할 수 있었다.

많은 엄마, 아빠, 선생님들이 뇌 교육과 뉴로카운슬링 상담 프로그램을 통해 마음의 위로를 받고 본인의 잠재력을 되찾았다고 했다. 이들이 새로운 길을 열어가고, 자신의 비전을 향해 나아가는 모습을 보며, 나의 사명감은 더욱 확고해졌다. 앞으로도 필자는 끊임없이 배우고, 연구하며, 더 나은 교육을 제공하기 위해 노력할 것이다. 나의 비전은 단지 내 것이 아니라, 내 강의를 듣는 사람들과 함께 만들어 가는 공동의 꿈이다. 오늘도 좌절하고 방황하는 이들과 함께하는 여정 속에서 완성될 것이다. 강사에게 수강생이 있다는 것은 더없이 큰 기쁨이다. 오늘도 내가 만나는 모든 분에게 '빅터 위고'의 말을 전해주고 싶다.

"가장 어두운 밤도 끝나고, 해는 떠오른다."

06

CEO에서 강사가 되다

이건우

주요 경력

- (주)한국강사교육진흥원 수석위원
- (주)금강스틸산업 외 3개사 CEO
- 가천대 명강사 최고위과정 수료
- 전북대학교 대학원 경영학석사
- 한양대학교 산업경영대학원 경영학
  석사

명강사 시크릿 *01* CEO에서 강사의 길로

'우보천리(牛步千里)'라는 말이 있다. 소의 걸음으로 천 리를 간다는 말이다. 내 나이 서른에 준비 없는 창업으로 시작부터 삐걱거렸다. 게다가 IMF(외환위기)까지 닥치면서 정신이 혼미할 정도로 하루하루가 고난의 연속이었다. 멈출 수도 돌이킬 수도 없는 상황이었다. "그래. 내 뼈가 부서지고 내 몸이 산산조각이 나도 어디 한 번 해보자!"

이렇게 예고 없이 찾아온 위기에서 선택의 길은 악으로 깡으로 버티는 길뿐이고, 오로지 직진뿐이었다. 나에게 닥친 지금의 시련은 반드시 더 큰 보상으로 다가올 것이라는 신념이 있었기에 시간이 걸려도 천천히 가겠다는 심정으로 차분히 당면한 문제들을 해결했다.

소의 걸음으로 우직하게 한평생 CEO의 길을 걸어오면서 수많은 시련과 위기와 실패를 경험했고 두려움 속에서 꿋꿋하게 내 인생의 빅픽처(big picture)를 향해 도전해 왔다. 이제는 같은 돌부리에 두 번 넘어지지 않는 법을 배웠고, 멈추지 않고 성장하는 지혜도 배웠다.

내 인생 2막은 치열한 삶의 현장에서 갈고 닦은 경험과 노하우를 바탕으로 조직문화와 가치를 전달할 수 있는 강사의 길을 걷고자 한다. 전문성과 리더십을 갖춘 강사가 되어, 포기하지 않고 꾸준히 성장하는 방법을 안내하며 세상을 변화시키는 나침반 역할을 하고자 한다.

명강사 시크릿 02 열정은 강사의 마음가짐에서 나온다

자전거를 타 본 적이 있는가? 자전거는 두 개의 타이어로 이루어져 있어 균형을 유지하기가 어렵다. 타는 사람이 자전거와 자신의 자세 변화, 노면 상태에 따른 앞바퀴와 핸들의 반응을 적절히 조절해야 한다. 그렇지 못하거나 전체 무게가 두 개의 접지 점을 중심으로 평형을 이루지 못하면 넘어질 수밖에 없다.

어느 날 사업하는 동생에게 물었다. "요즘 사업 어때?", "형님! 요즘 저는 오르막길을 자전거 타고 넘어가야 하는 상황입니다." 중간에 멈출 수도 내릴 수도 없는 상황에 놓인 것이다. 동생은 사업 추진력 하나만큼은 남달랐다. 형 회사에 입사해 2년도 안 되어 독립했고, 불과 창업 3년 만에 매출 100억을 달성할 정도로 사업수완도 좋았다. 하지만 위기에 직면한 건 지나친 사세 확장과 직원들의 소명의식 결여 때문이었다.

살면서 누구든 고난과 시련을 겪게 마련이다. 가슴속에 꺼지지 않는 열정이 있다면 극복할 것이고 그렇지 못하면 좌절할 것이다. 나는 사업을 열정적으로 이어왔다. 멈추거나 포기한다면 내 삶이 끝날 것이라는 배수진을 치고 살아왔기 때문이다. 아웃풋(Output)이 나올 때까지 포기하지 않았고, 27년이라는 긴 세월 동안 사업을 지속할 수 있었기에 그동안 그토록 원했던 강사의 길을 시작할 수 있었다.

오래전부터 가슴속에 불타오르는 강사의 꿈이 있었다. 사업을 하면서 힘든 순간마다 서점에 갔고, 바쁘게 살아가느라 책을 읽을 시간조차 없었지만, 서점에 놓인 신간을 보면 가슴이 뛰고, 책 제목만으로도 용기가 생겼다. 내 분야에 대해 깊이 이해하고 최근 정보를 얻는 데는 서점만한 곳이 없다.

서점에 가면 매일 다양한 내용의 책들이 즐비해 있다. 강사는 다양한 분야에 대한 폭넓은 지식을 가져야 한다. 이것이 바로 '간텍스트성(intertextuality)'이다. 간텍스트성은 텍스트가 서로 연결되어 있다는 의미로, 국문학을 공부하려면 한문학, 영문학, 철학, 역사학, 심리학, 중문학 등 서로 연관된 학문을 알아야 한다. 이러한 다각적인 학문적 접근은 강사로서의 깊이 있는 통찰력을 제공하며, 수강생에게 풍부한 지식을 전달할 수 있는 기반이 된다. 결국 강사의 꿈은 다양한 지식의 연결 속에서 더욱 빛나게 된다.

"Teaching is learning." 이라는 말이 있듯이, 가르치는 것이 배우는 것이다. 이는 한자로 '교학상장(教學相長)'이라고 표현되는데, 가르치고 배우면서 서로 성장하는 것을 의미한다. 강의하기 위해서는 많은 것을 배워야 한다. 나는 경영학을 공부했지만, 인문학 지식도 함께 공부하고 싶었다. 경영학에는 인문학적 지식이 많이 적용될 수 있기 때문이다. 예를 들어 손자병법에서 우리는 비즈니스 전략을 공부할 수 있다. 이처럼 배움을 통해 강사의 자질과 전문성을 갖추게 되는 것이다.

강사의 역할과 자질은 다음과 같다.

첫째, 사업과 강의 모두에서 소통 능력이 중요하다. 소통 능력을 갖추기 위해서는 복잡한 개념을 자세히 설명할 수 있어야 하고, 주어진 질문에 명확하게 답변할 수 있어야 한다. 나는 강의를 할 때 수강생들과 원활한 소통이 학습 효과를 높이는 데 중요하다고 생각한다.

둘째, 열정은 강사가 갖추어야 할 중요한 자질 중 하나이다. 강사가 자신이 가르치는 내용에 대해 열정적으로 강의할 때, 학생들도 덩달아 강사의 열정을 느끼게 된다. 수강생들은 강사의 열정을 보고 강의를 듣는 동안 더욱 적극적으로 수업에 참여하게 된다.

셋째, 강사는 조직력을 가지고 있어야 한다. 조직력이란 수업 계획을 체계적으로 세우는 것을 말한다. 시간 관리와 수업 자료를 잘 준비하는 것은 강사에게 필요한 능력이다.

넷째, 강사는 적응력을 가지고 있어야 한다. 강사는 청중들의 연령층에 따라 다양한 학습 스타일을 제시해야 한다. 강사는 변화하는 상황에 맞추어 수업 방법을 다양하게 조정해야 한다. 강사는 온라인 수업과 대면 수업 등 다양한 환경에 유연성을 길러야 한다.

다섯째, 강사에게 중요한 자질이 경청 능력이다. 경청이란 강사가 학생들의 의견을 귀 기울여 듣는 것을 말한다. 강사는 수강생들의 피드백(feedback)을 잘 반영하여 수업해야 한다. 강사는 수강생들의 표정을 보며 수강생들이 자신의 강의 내용을 잘 이해하는지 잘 살핀다.

또한 강사가 가져야 할 마음가짐이 있다.

첫 번째는 성장하려는 자세이다. 강사가 되려면 자기계발에 대한 열정도 필요하지만, 자기계발을 통해서 끊임없이 많은 내용을 배우고 한 층 더 성장하려는 자세가 필요하다. 강사는 새로운 교육 방법과 기술을 끊임없이 배워야 한다. 또한 새로운 교육 방법과 기술을 배우고 적용하기 위해서 강사는 노력해야 할 것이다.

두 번째는 수강생 중심의 접근이다. 강사는 수강생들의 학습과 성장을 최우선으로 고려해야 한다. 수강생들이 잘 성장해야 강사도 함께 발전할 수 있다. 따라서 강사는 수강생들의 니즈와 목표에 맞춰 강의를 진행하는 것이다.

세 번째는 인내심이다. 강사의 강의를 받아들이는 수강생들의 학습 속도는 개인마다 다르다. 그래서 강사에게는 수강생들이 내용을 잘 이해할 때까지 반복해서 설명하고 수강생들을 잘 성장하도록 격려할 수 있는 인내심이 필요하다.

네 번째는 긍정적 태도이다. 강사의 긍정적인 태도는 강사의 강의를 듣는 수강생들에게 동기를 부여하게 된다. 또한 강사의 긍정적인 태도는 수강생들의 학습 환경을 활기차게 만들기 때문이다.

다섯 번째는 윤리 의식이다. 강사는 윤리적 책임을 다해야 한다. 강사는 공정하고 정직하게 수강생들을 대해야 한다. 강사는 자신의 강의를 듣는 모든 수강생에게 차별적이지 않고 평등한 기회를 제공할 것이다.

이러한 자질과 마음가짐을 갖추고 수강생들의 학습을 성장시키는 것이 강사가 지향할 목표이다. 나는 강사로서 앞으로도 수강생들의 성장에 도움이 될 수 있도록 최선을 다할 것이며, 많은 책을 읽고 다양한 경험을 통해 더욱 훌륭한 강사가 되도록 노력할 것이다.

 **경영학과 인문학의 콜라보레이션: 새로운 콘텐츠의 탄생**

나는 경영학을 전공했고 사업 경험이 풍부하지만, 제4차 산업혁명 속에서 AI와 로봇이 대세인 현대 사회에서 미래에 대한 준비가 필요

하다고 생각한다. 스마트폰의 혁신 아이콘 스티브 잡스가 '애플을 아름답게 한 것은 인문학과 기술의 결합'이라고 말했듯이, 단순한 제품의 성능과 디자인만으로는 소비자의 마음을 움직일 수는 없다. 마음을 이끄는 인문학적이고 심리적인 요인이 필요하다. 이는 인문학의 중요성을 잘 보여주고 있으며, 인재가 갖춰야 할 핵심 요소 중 하나가 바로 인문학적 사고이다.

이에 나는 경영학과 인문학을 협업(Collaboration)하여 강의하는 콘텐츠를 연구하고 있다. 인문학의 기반이 없는 경영학은 마치 모래 위에 쌓은 성과 같기 때문이다. 경영학은 단순히 수치와 이론에 의존하는 것이 아니라, 인간의 행동과 사회적 맥락을 이해하는 데 필수적인 요소가 인문학에 담겨 있다.

이러한 관점에서 필자는 〈경영학에 인문학의 옷 입히기〉라는 주제로 강의를 준비하고 있다. 이 강의는 경영학의 이론과 실제를 인문학적 시각으로 재조명함으로써, 수강생들이 더 깊이 있게 이해할 수 있도록 돕고자 한다. 경영의 다양한 문제를 인간의 심리·문화·역사적 배경과 연결 짓는 과정은 수강생에게 풍부한 학습 경험을 제공할 것이다.

또한 인문학적 접근은 경영학적 의사결정 과정에서 창의적인 해결책을 제시하는 데 큰 도움이 된다. 이를 통해 수강생들은 경영 이론을 단순히 암기하는 것이 아니라, 실생활에 적용할 수 있는 지혜를 얻을 수 있을 것이다. 이러한 목표를 가지고, 필자는 앞으로도 경영학과 인문학의 융합을 통해 새로운 지식의 지평을 넓혀나갈 것이다.

첫째, 인문학적 사고를 통해 창의적으로 문제를 해결하기다. 필자는 사업을 하면서 동서양 인문학의 수많은 관점과 접근 방식들을 잘 활용하여 경영의 여러 가지 문제들을 해결하는 방법에 대해 생각해 왔다. '문사철(文史哲)'이라는 말이 있다. 문학과 철학과 역사라는 뜻이다. 문·사·철은 인문학 공부에서 매우 중요한 분야이다.

필자는 경영에서의 문제해결을 인문학에서 찾았다. 때로는 노자의 부드러운 물의 리더십을, 때로는 원리원칙에 충실한 한비자의 법의 리더십을 적용하면서 사업을 하고 인문학을 경영학과 연관시키는 주제로 강의를 하려고 한다. 고전 문학을 공부하다 보면 수많은 학자나 철학자들로부터 의사결정의 중요성을 배우게 된다. 이것은 경영학에도 다양하게 적용할 수 있다.

둘째, 문화와 경영이다. 지금은 글로벌 비즈니스의 시대이다. 국제화 시대에 문화적인 이해는 기본이다. 우리가 외국어를 공부하는 것도 그 문화권 사람들의 문화를 이해하기 위함이다. 필자는 인문학을 경영학에 접목해서 글로벌 마케팅에 중요한 도구로 활용하려고 한다.

셋째, 윤리경영과 인문학이다. 기업을 운영하면서 윤리적인 경영은 매우 중요하다. 필자는 인문학이 윤리경영에 어떻게 영향을 끼칠 수 있는지에 대해서 연구하고 기업이 어떤 방향으로 나아가야 할지에 대해 인문학적으로 접근하고 기업의 문제해결 방안에 대해서 제시 해주는 인문학 경영 컨설턴트가 되어 강의할 생각이다.

넷째, 스토리텔링과 브랜드 구축이다. 인문학을 공부하다 보면 다양한 스토리텔링 기법이 나온다. 한자를 예로 들면 '선(仙)'이라는 글자는 '人(사람)'이라는 글자와 '山(산)'이라는 글자의 합성어이다. 사람이 산에 들어가면 신선이 된다는 뜻이다. 이렇게 기업에 대해 강의를 할 때는 재무제표를 분석하는 것도 중요하지만, 인문학적인 내용을 경영학에 결합하면 새로운 차원의 스토리텔링과 브랜드를 만들 수 있다.

다섯째, 새로운 비즈니스 모델의 창출이다. 인문학적 사고한다는 것은 또 하나의 도구를 가진 것과 같다. 우리가 하나의 사물을 볼 때 하나의 시각만 가지고 보는 것보다 다양한 시각을 가지고 보는 것이 훨씬 중요하다. 입체파 화가로 알려진 피카소도 사물을 다양한 관점에서 연구해서 유명한 화가가 되었다. '교토삼굴(狡兎三窟)'이라는 말이 있다. 현명한 토끼는 세 개의 굴을 판다는 뜻이다. 급속도로 변화하는 세상에 대처하기 위해서는 다양한 학문을 공부하고 그것을 실전에 적용하는 것 또한 중요한 비즈니스 모델이다.

창의적 사고는 인문학적 기반 위에서 나온다. 미래 경영을 위해서 인문학 공부는 필수이다. 인문학을 공부하다 보면 경영의 트렌드를 잘 이해할 수 있다. 필자는 SWOT 분석에 경영학과 인문학을 잘 결합하여 수강생들에게 강의하고 싶다. 회사의 강점과 약점, 위협과 기회를 인문학에 적용하고 다양한 시각과 실질적인 기술을 제공할 것이다.

여섯째, 사례 연구와 분석이다. 필자는 실제 비즈니스 사례를 들어 경영학에 인문학적 개념을 적용한다. 내 강의를 듣는 분들께 팀을 만들어서 사례를 주제로 토론하고, 그 결과를 발표하라고 한다. 다른 팀의 분석을 듣는 팀들은 새로운 경영 사례를 통해 인문학의 중요성을 학습하게 된다.

일곱째, 역할극 및 시뮬레이션이다. 필자는 다양한 비즈니스 시나리오를 만들고 역할극이나 시뮬레이션을 통해 실습한다. 학생들은 경영자, 고객, 투자자 등 다양한 역할을 맡아 문제를 해결한다. 이 역할극의 목적은 학생들이 문제해결 과정에서 대표와 직원의 역할을 해봄으로써 회사의 노사문제에 대해 상대방의 입장을 역지사지(易地思之)의 관점에서 이해할 수 있는 좋은 기회가 되도록 하는 것이다.

여덟째, 인터뷰 및 전문가 초청이다. 필자는 경영학과 인문학 분야의 전문가를 회사에 초청하여 그분의 강연을 듣고, 회사의 직원들이 강연자와 직접 인터뷰를 하도록 했다. 필자는 인터뷰를 들으면서 실제 현장에서 경영에 어떻게 적용할지에 대한 아이디어를 얻게 되었다.

아홉째, 피드백 기반 학습이다. 필자는 내 강의에 대한 동료나 수강자들이 작성한 피드백을 통해 내 강의에서 어떤 점을 고쳐야 할지 자세히 검토하여 반드시 더 좋은 강의가 될 수 있도록 개선하려고 노력한다.

필자는 교육 콘텐츠 제작에 도움이 되는 노하우를 만들기 위해 명확한 학습 목표를 설정한다. 강의와 콘텐츠를 위해서 강의를 시작할 때 목표를 확실하게 정해서 수강생들에게 어떤 내용을 강의할지를 분명히 한다. 또한 다채로운 학습 자료를 활용하는 것도 중요하다. 요즘은 시각의 시대이다. 어떤 내용을 설명할 때 이미지, 영상물, 오디오 등 여러 시청각자료를 활용하여 강의한다. 가끔씩 돌발퀴즈같은 방법도 수강생들의 관심을 끄는 도구로 활용한다.

필자는 회사를 경영하면서 강의 경험이 많지는 않지만, 직원 스스로 목표를 설정하고 효과적으로 성과를 낼 수 있도록 지도하고 있고, 스스로 성장할 수 있도록 지원하는 등 업무 프로세스 전반에 대해 관여하고 있다. 앞으로는 강사의 자질을 키워 체계적인 교육 프로그램을 제공하고 강의를 통해 직원들이 업무 성취도를 극대화할 수 있도록 교육할 예정이다. 또한 좀 더 깊이 있고 감동 있는 강의를 준비해서 사내교육뿐만이 아니라 일반인들까지 강의의 폭을 넓힐 생각이다.

'수주대토(守株待兔)'라는 말이 있다. 나무 그루터기에 앉아서 토끼를 기다린다는 뜻이다. 송나라의 밭을 갈던 사람이 산에서 토끼 한 마리가 전속력으로 질주하다가 그루터기에 부딪혀 죽는 것을 발견하고 그 후로 농사는 짓지 않고 그루터기만 계속 지켜보면서 일을 하지 않아서 사람들로부터 비웃음을 샀다는 이야기이다.

이 이야기가 시사하는 바는 현재에 안주하여 성장의 기회를 놓치지 말고, 급변하는 현실에 잘 적응해야 한다는 것이다. 앞으로 경영학과 인문학을 결합한 콘텐츠를 개발하는 데 더욱 깊이 고민하고 사유하여, 생각의 폭을 넓혀 변화하는 세상에 선제적으로 대응하고자 한다.

 **04 강사의 리더십은 강의 실전에서 빛난다**

"대표님, 저는 이 일을 완수하기 어렵습니다. 회사의 생산 능력을 잘 알고 계시죠? 과중한 업무로 인해 작업자들이 어려움을 겪고 있습니다." 이는 생산책임자의 말이다. "대표님, 큰 문제가 발생했습니다. 이번 주 내로 납품을 해야 하는데, 생산부에서는 불가능하다고만 하고 협조를 하지 않습니다. 이렇게 되면 계약이 취소될 수 있는데, 누가 책임을 지게 되는 것입니까?" 이번에는 영업부 책임자의 말이다. 이처럼 회사에서는 항상 영업부와 생산부 간의 갈등이 빈번하고, 이로 인해 딜

레마(dilemma)에 빠지는 일이 종종 발생하고 있다. 이러한 상황에서 가장 중요한 것은 리더의 역할이다. 리더는 중요한 의사결정을 내려야 하는 상황에 자주 놓이게 되며, 조직을 움직이고, 사람들의 마음을 움직이며, 문제를 해결하고 가치를 실현하는 것이 리더이기 때문이다.

강의 현장에서도 예기치 못한 상황에 자주 직면하게 된다. 다양한 직업, 성향, 나이의 청중들을 대상으로 하기 때문이다. 따라서 강사의 리더십은 매우 중요한 덕목이다. 강의를 준비할 때 가장 중요한 것은 청중의 나이, 교육수준, 성별을 파악하는 것이다. 초등학생과 대학생, 남성과 여성은 생각하는 관점이 다르기 때문이다. 이러한 청중의 특성을 미리 파악하는 것은 강의 준비에 매우 중요하다. 강사는 또한 이론을 설명할 때 흥미로운 사례를 먼저 제시하여 청중의 관심을 유발하는 것이 좋다. 강의를 시작할 때에는 그날 날씨나 최근의 흥미로운 사건에 관해 이야기하는 것이 효과적인 아이스 브레이킹(ice breaking) 방법이다. 이러한 방식으로 청중의 관심과 집중을 끌어낼 수 있다.

강의를 잘하는 강의 실전 노하우에 대하여 알아보자. 강사는 강의를 시작하기 전에 오늘은 무슨 주제로 어떤 내용을 강의할 것인지 청중들에게 분명하게 전하는 것이 좋다. 강사는 또한 하나의 개념에 관해 설명할 때 그와 관련된 강사의 흥미로운 이야기를 통해 청중들의 주의를 끌 수 있다.

강사는 강의를 시작할 때 질문을 던지거나 심리테스트로 자신의 강의를 듣는 청중의 참여를 유도한다. 강사가 때때로 유머를 적절히 사용하는 것도 매우 중요하다. 적절한 유머는 윤활유와 같은 작용을 한다. 19세기 미국의 탁월한 목사였던 헨리 워드 비처는 "유머 감각이 없는 사람은 스프링 없는 마차와 같다. 길 위의 모든 조약돌마다 삐걱거린다."라고 말했다. 필자는 강의를 하기 위해서 유머가 나오는 책들을 많이 읽어서 강의에 적용했다. 유머는 강의에 중요한 윤활유와 같다.

강사로서 강의 시간을 효과적으로 분배하는 것은 매우 중요하다. 강의 도입부에 너무 많은 시간을 소비하면 결론 부분을 잘 정리하기 어려울 수 있다. 따라서 강사는 시간 배분에 주의를 기울여야 한다. 개인적으로 강의할 때 핸드폰에 시간을 설정하고 이를 기준으로 시간 관리를 하고 있다. 또한 강사는 중요한 이론을 설명한 후 학생들이 직접 이를 적용할 수 있도록 약 5분 정도의 시간을 제공하는 것이 도움이 된다. 강의 중 핵심 내용은 반복적으로 설명하고, 마지막에 다시 한번 정리하는 것이 좋다. 결론 부분에서 주요 내용을 세 가지 정도로 요약하면 학생들의 이해도를 높일 수 있다.

영어에는 "Practice makes perfect."라는 표현이 있는데, 이는 "반복이 완벽을 만든다."는 의미이다. 이처럼 공부나 강의에서 반복의 중요성은 매우 크다고 할 수 있다.

강사가 강의를 진행할 때 유머도 중요하지만, 관련 경험담을 공유하는 것 또한 매우 효과적이다. 실제로 유명 강사들이 방송에 출연할 때 대부분 경험담과 유머로 청중들을 사로잡는다.

또한 강사는 마이크 고장 등의 상황에 대비해 평소에 발성 연습을 충분히 해두는 것이 좋다. 필자가 고등학교에 다닐 때 어느 선생님의 목소리가 일관되어 학생들이 그 선생님을 '인간수면제'라고 부르곤 했는데, 이는 강의를 듣다 잠들 수밖에 없었기 때문이다. 강사는 어떠한 악조건에서도 강의를 효과적으로 진행해야 한다. 예를 들어, 마이크가 고장 나더라도 당황하지 않고 큰 목소리로 청중을 이끌 수 있어야 한다.

강사는 강의가 끝나면 청중들에게 궁금한 내용에 대해 질문할 기회를 주는 것이 좋다. 질문이 없는 강의는 오아시스 없는 사막과 같다. 질문이 있어야 강사와 청중과 교감을 나눌 수 있다. 강의하기 위해서는 강의장 리더십과 청중 관리가 매우 중요하다. 먼저 강사는 자신감이 있는 태도로 청중에게 신뢰감을 주어야 한다. 강사에게는 언어적인 신호도 중요하지만, 손짓과 표정과 같은 비언어적 요소도 매우 중요하다.

또한 임팩트 있는 프레젠테이션을 위해서는 강렬한 시작과 마무리가 중요하다. 강사가 강의의 도입부와 결론 부분에 강한 인상을 남기면, 청중들은 그 강의에 대해 깊은 기억을 갖게 될 것이다.

한편 강의 경험이 부족하다고 느끼는 것은 매우 자연스러운 현상이다. 다양한 체험, 독서, 여행 등을 통해 지식과 경험의 폭을 넓히는 것은 강의 실력 향상을 위해 필수적이다. '아는 만큼 보인다'는 말처럼, 풍부한 지식과 경험은 강사의 역량을 높이는 데 효과적이다. 이처럼 지속적인 학습과 경험은 강의의 질을 높이는 중요한 요소이다.

아는 만큼 보인다는 말의 예를 들어보자. 분식회계의 '분식'을 한자로 써보라고 하면 대부분 사람은 '분식(分飾)'이라고 쓴다. 그러나 이 한자는 잘못된 한자이다. 분식회계의 분식은 한자로 '분식(粉飾)'이다. 여성이 예뻐 보이기 위해서 화장을 하는 것처럼 기업도 좋게 보이기 위해 장부를 예쁘게 꾸미는 것이 분식회계의 본뜻이다.

강사는 청중의 집중력을 잘 유지하기 위해서 휴식시간을 적절히 제공하는 것이 매우 중요하다. 50분 강의 후 10분의 휴식시간을 가지는 것이 매우 중요하다. 강의는 일방적인 것이 나이라 쌍방향적이다.

강사는 청중을 실습에 적극적으로 참여시키고, 참여한 청중을 적절히 칭찬하는 것이 매우 중요하다. '칭찬은 고래도 춤추게 한다.'라는 속담처럼, 적절한 칭찬은 청중의 참여와 몰입도를 높이는 데 큰 역할을 한다. 긍정적인 피드백은 청중에게 자신감을 주고, 청중이 강의에 적극적으로 참여할 수 있도록 유도하기 때문이다. 이를 위해 강사는 다양한 방법을 생각해야 한다. 먼저 청중의 관심을 끌 수 있는 흥미로운 질문이나 사례를 제시하여 그들의 호기심을 자극할 수 있다. 또한 실시간 피드백이나 질의응답 시간을 마련하여 청중이 자신의 의견을 표현할 기회를 제공하는 것 또한 좋은 방법이다.

강의 중에는 청중과의 상호작용을 강조하여 그들이 강의의 일원으로 느낄 수 있도록 해야 한다. 예를 들어, 소그룹 토론이나 작은 활동을 통해 청중이 직접 참여하고 의견을 나눌 수 있는 환경을 조성하는 것이 좋다. 이러한 방식은 청중의 집중력을 높이고, 강의 내용에 이해도를 높이는 데도 좋다.

또한 강사는 프레젠테이션의 속도를 잘 조절하여 청중이 강의 내용을 충분히 이해할 수 있도록 해야 한다. 정보의 전달 속도가 너무 빠르면 청중은 내용을 따라잡기 어려워질 수 있다. 준비한 슬라이드에 오타가 있더라도 이를 긍정적으로 활용하여 청중과의 상호작용을 끌어낼 기회로 삼는 것이 중요하다. 예를 들어, 오타를 지적하며 유머를 섞어 대화를 이어가는 것은 청중의 긴장을 풀고, 친근감을 형성할 수 있다.

더불어 강사는 상담 심리학을 공부하여 청중의 반응과 표정을 읽어내는 능력을 기르는 것이 필요하다. 청중의 심리를 파악하며 강의를 진행하는 것은 효과적인 강의기법이 될 수 있다. 청중의 관심과 집중도를 파악하고, 그에 맞춰 강의의 방향을 조정하는 능력은 강사의 중요한 자질이다.

이처럼 강사는 기획력과 추진력, 부드러움과 예리함, 그리고 섬세
함과 포용력을 갖추어야 청중을 사로잡을 수 있는 리더가 될 수 있다.
이러한 자질들은 강사가 청중과의 신뢰를 구축하고, 효과적인 학습 환
경을 조성하는 데 필수적이다. 결국 강사는 단순한 지식 전달자가 아
니라 청중과 함께 성장하는 동반자가 되어야 하기 때문이다.

 ## 강사 브랜딩과 마케팅의 시너지

동서양의 고전들과 현대의 지도자, 리더들이 쓴 성공학 서적이나 자
기계발서를 보면서 새로운 관점을 발견하게 되고 지혜를 얻고 인생관
의 변화가 생긴다. 또한 성공과 자기계발에 대한 통찰을 얻을 수 있다.
제4차 산업혁명 시대에 들어선 우리는 급변하는 환경에 대응하기 위
해선 성공한 리더들을 통해 교훈으로 삼고 목마른 사슴처럼 이 골짜기
저 계곡을 다니며 진리의 생수를 찾아 나서야 한다.

브랜드가 없는 상품은 시장에서 가치를 인정받을 수 없고 경쟁력을
잃을 수밖에 없다. 이제는 강사도 퍼스널 브랜딩과 마케팅 없이는 무한
경쟁 시대에서 살아남을 수 없기 때문이다. 이에 따라 강사들은 자신만
의 독특한 브랜드를 구축하고, 효과적인 마케팅 전략을 수립해야 한다.

이는 수강생들의 관심과 신뢰를 얻는 데 필수적이다. 강사로서의 브랜드를 높이기 위해서는 자신의 전문성을 보여주는 것이 중요하다. 강사는 자신만의 온라인 플랫폼을 구축하는 것이 매우 좋다. 페이스북, 인스타그램, 카카오 스토리, 블로그 등을 통해 온라인에서 자신의 존재감을 높이는 것이 중요하다. "Rome was not built in a day."라는 말처럼, 온라인상에서의 존재감도 하루아침에 이루어지지 않는다. 꾸준한 노력과 시간이 필요하다.

강사는 쓸모 있고 가치 있는 콘텐츠를 제작하고 자신의 전문성을 홍보할 수 있다. 동영상 강의, 팟캐스트, 전자책 등을 제작할 수 있으며, 이를 무료로 배포하거나 유료로 판매할 수 있다. 만약 강사가 자신의 YouTube 채널을 운영하고 있다면, 강의 내용을 담은 영상을 정기적으로 업로드하는 것이 좋다. 유튜브는 개인 방송국과도 같다고 할 수 있다. 필자 역시 유튜브를 통해 더 많은 구독자와 소통하고, 다양한 콘텐츠를 제공하기 위해 노력할 것이다. 이러한 활동은 강사의 전문성을 널리 알리는 데 큰 도움이 될 것이다.

강사는 자신이 강의하는 분야와 관련된 자격증을 취득하는 것이 매우 중요하다. 관련 자격증은 강사의 신뢰성을 높여주며, 전문성을 더욱 키우는 역할을 한다. 또한 여러 단체에 가입하는 것도 추천한다. 전문 단체와의 연결은 네트워크를 확장하고, 동료 강사들과의 소통을 통해 최신 정보를 공유할 기회를 제공한다. 결국 인간 사회의 모든 것은 인간관계에 의해 결정된다고 할 수 있다.

강사는 다른 강사나 전문가와의 협업을 통해 강의의 질을 높이는 것도 좋은 방법이다. 각 강사는 자신만의 독특한 색깔과 전문성을 가지고 있으며, 특정 분야에서의 강점을 활용하여 서로 보완할 수 있다. 예를 들어 자신이 강의하기에 취약한 부분에 대해 잘 아는 강사와 협업하여 공동 강의를 진행하는 것도 좋다. 이는 청중에게 더 풍부하고 다양한 정보와 시각을 제공할 수 있다.

또한 강사는 정기적으로 웹 세미나를 개최하는 것이 좋다. 매월 한두 번은 Zoom을 통해 무료로 웹 세미나를 진행함으로써, 더 많은 사람에게 자신의 전문성을 알릴 기회를 가질 수 있다. 요즘은 자기 PR의 시대이며, 1인 브랜딩의 시대에 나를 알리는 것이 매우 중요하기 때문이다. 이러한 웹 세미나는 강사가 자신의 지식을 공유하고, 청중과의 소통을 강화하는 데 효과적인 방법이다.

강사는 자격증 취득, 네트워크 확장, 협업, 그리고 웹 세미나 개최를 통해 자신의 전문성과 신뢰성을 확보하며, 강의의 질을 높이는 데 노력해야 한다. 이러한 노력은 강사가 교육 분야에서 성공적으로 자리 잡는 데 필수적이다.

그럼 나만의 강사 브랜드를 만들기 위한 전략과 방법에 대해 알아보

자. 강의를 하려면 자신만의 분명한 강의 철학이 필요하며, 전문 분야에 대한 확립된 지식도 필수적이다. 강사는 자신의 전문 분야를 선택하여 브랜드네임을 만들어야 한다. 예를 들어, '변화아티스트'나 '성장파트너'와 같은 이름이 좋은 예가 될 수 있다. 이러한 과정을 통해 강사는 자신만의 독특한 브랜드를 구축하고, 더욱 효과적으로 수강생들에게 다가갈 수 있을 것이다. 나만의 강사 브랜드는 결국 나의 가치를 전달하는 중요한 자산이기 때문이다.

강사는 다른 사람과 차별화된 자신만의 블루 오션 전략, 즉 차별화 전략을 만드는 것이 중요하다. 남들이 강의할 수 없는 독특한 분야에서 강의할 수 있는 강사가 되기 위해 노력해야 한다. 또한 강사는 청중과 진정성 있게 연결되어 신뢰를 쌓고, 이를 통해 자신의 브랜드를 강화할 수 있다. 이러한 접근 방식은 강사로서 경쟁력을 높이는 데 큰 도움이 될 것이며, 궁극적으로 더 많은 수강생에게 긍정적인 영향을 미치게 될 것이다.

서점에 가면 무수한 책들이 독자들을 기다리고 있다. 강사에게 필요한 것은 책이다. "사람이 책을 만들고 책이 사람을 만든다."라는 말이 있다. 책을 만드는 것은 사람이지만 사람은 만들어진 책을 통해서 더욱더 인격이 성숙해진다는 뜻이다. 강사는 책을 통해 자신을 브랜딩할 수 있다. 필자도 내년에는 시집과 자기계발서를 출간하여 나의 브랜딩 이미지를 업그레이드할 계획이다. 책은 강사의 또 하나의 프로필이라고 할 수 있다. 이러한 전략들을 통해 자신만의 강사 브랜드를 구축하면, 강사로서의 인지도를 높이고 더 많은 청중에게 다가갈 수 있다. 일관성 있는 이미지와 진정성 있는 소통이 성공적인 브랜드를 만드는 열쇠이다.

강의 수요를 만들고 확보하는 것은 강사가 성공적으로 활동하는 데 아주 중요한 요소이다. 강사의 수요를 창출하고 확보하기 위해서는 몇 가지 전략이 필요하다.

첫째, 타겟 시장과 청중에 대한 이해가 중요하다. 강사는 자신이 제공하는 강의의 잠재적 청중을 잘 파악해야 한다. 이를 위해 강사는 설문 조사, 인터뷰, 온라인 조사 등을 활용하여 잠재적 청중의 관심사를 세밀하게 분석해야 한다. 이러한 과정은 강의의 효과를 높이는 데 필수적이다.

둘째, 파트너십과 협력 관계 구축이다. 강사는 자신의 강의와 관련된 기업이나 기관 또는 단체들과의 협력을 통해 파트너십과 협력 관계를 구축한다. 기관이나 기업과 공동 마케팅 캠페인을 진행하면 그로 인해 더 많은 청중이 올 수 있다.

셋째, 온라인 및 오프라인 마케팅 캠페인이다. 강사는 다양한 마케팅 채널을 가지고 있어야 한다. 강사는 다양한 마케팅 채널을 통해 강의 수요와 청중을 확보할 수 있다.

동화 〈토끼와 거북이〉가 있다. 거북이가 토끼를 이긴 이유는 무엇일까? 토끼는 거북이를 보았고 거북이는 목표물을 보았기 때문이다. 하루가 다르게 변화하는 세상에서 강사로서 살아남기 위해서 강사는 끊임없이 자신을 단련시켜야 한다.《중용》23장에 이런 말이 있다.

"작은 일도 무시하지 않고 최선을 다해야 한다. 작은 일에도 최선을 다하면 정성스럽게 된다. 정성스럽게 되면 겉에 배어 나오게 되고, 겉에 배어 나오면 겉으로 드러나고, 겉으로 드러나면 이내 밝아지고, 밝아지면 남을 감동을 주고, 남을 감동을 주면 이내 변하게 되고, 변하면 생육 된다. 그러니 오직 세상에서 지극히 정성을 다하는 사람만이 나와 세상을 변하게 할 수 있는 것이다."

'여리박빙(如履薄氷)'이라는 표현이 있다. 이는 "얇은 얼음을 밟는 것과 같다"라는 뜻으로, 신중함과 조심스러움을 강조하는 말이다. 필자는 얇은 얼음을 밟는 것처럼 기업을 신중하고 차분하게 이끌어왔다. 이러한 접근방법은 언제나 변동성이 큰 비즈니스 환경에서 더욱 중요하다. 매 순간의 선택이 기업의 미래에 큰 영향을 미친다는 것을 깊이 인식하고, 신중한 판단을 통해 경영을 이어왔다.

앞으로도 필자는 강사로서의 길을 온·오프라인 채널을 통해 한 단계 한 단계 신중하게 브랜드를 구축하며 성장시켜 나갈 것이다. 강사로서의 내 역할은 단순히 지식을 전달하는 것을 넘어 수강생들이 성장할 수 있도록 돕고, 그들이 필요로 하는 가치를 제공하는 것이다. 이를 위해 끊임없이 새로운 지식과 경험을 쌓아가며, 나만의 브랜드를 확립할 것이다.

또한 강의의 질을 높이기 위해 다양한 교육 방법론과 최신 트렌드를 연구하고, 이를 통해 수강생에게 효과적이고 유익한 학습 경험을 제공할 것이다. 이러한 노력은 나의 브랜드를 더욱 확고히 하고, 강사로서의 신뢰성을 높이는 데 큰 도움이 될 것이다. 결국 신중함과 지속적인 발전은 나의 브랜드를 더욱 빛나게 할 중요한 요소임을 잊지 않을 것이다.

강사는 나의 숙명, 꿈을 향해 직진

'마부위침(磨斧爲針)'이란 말이 있다. "도끼를 갈아서 바늘을 만든다."라는 중국의 고사에서 유래한 말이다. 아무리 어려운 일이라도 꾸준한 노력으로 이루어 낼 수 있다는 의미이다. 그동안 필자는 가슴 속에 강연자의 꿈을 품고 있었다. 추운 겨울을 견딘 나무가 더 아름다운 꽃을 피우듯이, 진정한 고난과 시련을 겪지 않은 사람은 크게 성장할 수 없고, 눈앞의 행운도 잡지 못하는 법이다.

뒤늦게 가천대학교 명강사 과정을 통해 명강사가 되고자 하는 꿈은 더욱 확고해졌다. 현실을 외면할 수 없었기에, 강연자의 꿈은 가슴속에 묻어둔 채 지금까지 치열한 삶을 살아왔다. 이제는 그 꿈을 실현할 때가 되었다. 이제는 당당하게 내 꿈을 펼치고자 한다. 강사로서 열정을 마음껏 발휘할 것이다. 오랜 시간 동안 꿈꿔왔던 강사의 꿈을 이루기 위해 정진할 것이다. 멋진 강사가 되어 청중들의 자아실현과 성장을 돕는 파수꾼이 되고자 한다. 또한 존경받는 리더로서 제 경험과 지혜를 바탕으로 멘토링을 통해 긍정적인 변화를 이끌 것이다.

지그 지글러의 "행동하는 사람 2%가 행동하지 않는 98%를 지배한다."라는 말은 우리에게 큰 교훈이 된다. 시간은 기다려 주지 않으므로, 지금 바로 행동에 옮겨 보자. 쇳덩이를 갈고 닦아 하나의 바늘을 완성할 때까지 포기하지 말고 끝까지 도전하자. 작은 행동부터 시작하여 점점 더 큰 변화를 만들어 갈 수 있다. 우리 모두 본인의 잠재력을 발휘하여 성공적인 삶을 만들어 낼 주인공이 되자.

07

모든 동작의 완성은 표정이다

이말옥

주요 경력

경남생활문화예술체험협회 수석부회장

대한노인스포츠진흥원 실기 구술교수

한국강사교육진흥원 책임연구원

한국여가레크리에이션협회 전문위원

참조은다문화 노인스포츠지도강사

명강사 시크릿 01 어린 시절부터 달구어진 나의 신념

삶을 풀어보니 사람이 되고, 사람을 합쳐보니 삶이다. 사람이 사는 일, 사람을 총칭하는 말이듯, 사람이 살아가는 데 최고의 자산은 좋은 사람과의 만남이라고 생각하며, 인생의 참된 삶은 아름다운 동행으로 이루어지고 있어 누구를 만나느냐에 따라 인생이 달라지는 것을 알게 되었다.

농사꾼이신 부모님의 딸 다섯의 막내, 그 옛날 아들이 경제의 초석이라고 굳게 믿으신 아버지께서는 엄동설한에 줄줄이 딸 다섯을 낳은 어머니를 노골적으로 구박하셨다고 한다. 아버지의 구박에 나를 버리시려고 탯줄도 자르지 않고 목욕도 시키지 않은 채 3일간 냉골에 방치된 나를 서울서 내려온 큰 형부가 발견하고 거두었다고 한다. 철이 들어가면서 외숙모님께 큰 형부에게서 듣고 자랐던 내 출생의 슬픈 이야기다. 그래서일까 어릴 적부터 학교 놀이 대장 놀이 뭐든 하면 앞장서는 용감무쌍한 아이로 자랐다.

어릴 적 나의 꿈 노트에는 언제나 학교 선생님이 되고 싶다고 기록되어 있었고, 학교 선생님이 되고 싶었던 소박한 꿈이 어머니의 치매덕에 노인 전문 강사의 길로 가게 만들지 않았을까? 강사가 되기 위한 씨앗이 자라나고 있었던 유년 시절부터 대학을 마치고 사회생활조

차도 남 앞에 서는 것을 즐기며 두려워하지 않았었다.

 **열정과 소명 의식으로 빛나는 강사의 길**

어릴 때부터 늘 의리가 있고 착한 아이라는 소리를 들으면서 자랐고 그 당시에는 의리가 무슨 뜻인지 신념이 무슨 뜻인지도 모른 채 나의 책상 벽 앞에는 '의리, 신념'이라는 단어가 상징처럼 붙어 있었다. 아마도 어머니의 자랑스러운 막내딸이 되어야 한다는 나만의 작은 결심이 아니었을까?

성인이 되면서 자연스럽게 사람들 속에서 사람들을 리드하고 이끌어 가는 길에 서 있는 내 모습을 발견하게 된다. 세 번째의 20대를 맞이하면서 나의 삶을 재조명해 보는 이 시간이 참으로 귀하게 다가온다. 20대에 부산 카톨릭대학교 보건대학을 졸업하고 병원 임상병리사로 오랜 시간 직장인으로 살았고, 50대 후반부터 시작한 나의 배움에 대한 열정은 대학 두 곳을 거쳐, 60대 중반의 삶을 지나가고 있는 요즈음 또다시 네 번째의 대학 생활을 즐기고 있다.

누구에게나 초보 시절은 있게 마련이다. 대학교의 평생교육원에서 국가공인 노인스포츠지도사 실기와 구술을 담당하는 일로 나의 강의는 첫발을 내디디게 되었다. 아무것도 모르고 오로지 열정만 가득 찬 시절이었기에 배우고 가르치고 또 배우면서 함께 공부하는 교학상장 재미에 행복했던 시절이었지만, 사람 때문에 아프고 상처 입었던 시절이기도 하다. 국가공인 노인스포츠지도사 실기 구술을 담당할 무렵, 갑작스러운 협회 회장과 책임교수와의 분열로 수강생들이 오갈 데가 없어져 버렸다. 강의료 한 푼 받을 수 없었던 시간 속에서도 그래도 꿋꿋하게 그 자리를 지키면서 수강생들을 위해 많은 것을 감당했었다. 앞이 캄캄해서 한 걸음도 앞으로 나갈 수 없었던 시간이었지만 나는 더욱더 강해져야만 했다.

무릇 강사란 교육에 대한 열정과 사명감은 가지도 있어야 한다고 자신에게 다짐하면서 수강생들의 합격만을 위해서 열정을 불살랐었고, 100% 합격률이라는 쾌거를 이뤄내면서 100% 합격은 나의 신조어가 되어버렸다. 인생 2막을 준비하기 위하여 없는 돈을 모아서 비싼 수강료를 냈을 만학도들에게 여러분들의 돈과 시간을 아깝지 않게 해드리겠노라고 큰소리 뻥뻥 쳤지만, 결코 한순간도 허투루 한 적이 없었다.

세상이 아무리 변해도 당당함, 겸손함, 그리고 섬김의 자세를 겸비한 강사가 진정한 명품 강사라 할 수 있음을 잊지 말자며 오늘도 필자는 명품 강사의 배출에 최선의 최선을 다하고 있다. 늘 긍정적이고 친근한 태도로 학습자들에게 최고의 능력을 끌어내기 위한 아이템을 구상했었고, 수업에 재미와 즐거움을 주기 위한 유머 감각까지도 총동원

했다.

필자의 강의를 통해 다른 사람들의 인생에 머리카락 한 올만큼이라도 변화가 있기를 늘 기도하면서 보낸 시간이 나에게는 성장의 디딤돌이 되어 주었고, 다행히 나에게는 타고난 에너지가 늘 동행해 주었기에 얼마나 감사한지 모른다. 강의를 준비하고 진행해 나가는 과정에서 나 자신의 전문성도 향상되어 가는 것을 느끼면서 더욱더 박차를 가했다. 처음 아무것도 몰랐던 만학도들이 시간이 지나면서 조금씩 모습을 갖추어 가고, 사용하는 언어들의 색깔이 밝게 변하는 것을 보는 순간들은 가르치는 강사에게는 크나큰 기쁨이요, 보람이었다.

필자는 강사로서의 기본 중의 기본은 얼굴을 가꾸고 마음을 가꾸고 말을 가꾸어야 한다고 강조하였다. 또한 말이란 마음의 알맹이임을 상기시키며 늘 수강생들의 말버릇에도 관심을 가지게 되었다. 우리는 국가 자격증을 딴 품위 있는 강사로서 맨 먼저 말씨부터 바꾸어 가야 한다고 강조했다. 한 사람이 사용하는 말속에서 그 사람의 인생을 들여다볼 수 있는 것처럼, 거친 말 속에는 분노가 가득 차 있고, 힘없는 말속에는 절망감이 똬리를 틀고 있었다. 세상을 향해 툭 내뱉는 말투가 아닌 세상에 아름다운 씨를 뿌리는 말씨를 가꾸어 나가자.

우리는 그냥 돈을 버는 떠돌이 강사가 아니라 세상의 모범이 되어야 한다. 청중들 앞에 서면 따라 하고 싶은 마음이 들게끔 행동해야 한다고 강조하면서, 유치하지만 늘 멋있게 살고 싶다는 나만의 철학이 있는 것처럼 사람들의 가슴속에 울림을 주는 품위 있는 강사가 되어야 한다.

인격과 교양이 먼저이고 그 다음이 기술인 것처럼 재주는 남의 것을 빌릴 수 있지만 덕스러운 마음은 절대로 빌릴 수가 없다. 예쁜 얼굴보다는 인상이 더 좋아야 하고, 인상보다는 관상, 관상보다는 심상, 심상보다는 덕성이어야 하듯이 "하나의 얼굴은 신이 주신 것이고 또 하나의 얼굴은 스스로 만든 것이다."라는 말처럼 자신의 표정은 명품으로 만들어 가야 한다.

한 줄 메시지를 꼽으라면 필자는 늘 이 문구를 이야기한다. "덕성스러움은 그저 얻어지는 것이 아니다." 인도의 한 철학자에 의하면, "나를 앞세우는 에고에서 한 발짝만 물러서면 보이고, 내가 아무것도 아님을 이해하는 것이 지혜라면, 내가 전부임을 깨닫는 것이 사랑이다. 그리고, 그 둘 사이를 오가며 내 삶은 이어진다."라고 했다.

가끔 강연을 듣다 보면 너무나도 초라해지는 자신을 발견할 때가 있다. 여러분은 그런 경험을 한 적이 한 번이라도 있었는지 궁금하다. 그래서 꼭대기의 수줍음은 내가 철저히 지키는 원칙 중의 원칙이기도 하다. 숲에는 서로의 간격을 적당히 유지시키려는 습성이 있듯이 자신에 의해 풀이나 작은 나무들이 볕을 받지 못하거나 옆에 있는 작은 나무가 불편해하지 않도록 적당한 거리를 유지하면서 잘 자랄 수 있도록 하는 것을 말한다. 필자를 만나면 필자의 강의를 들으면 자신이 점점 작아지는 느낌을 받지 않게 하려고 애쓰면서 겸손함을 유지하고 수강생들을 섬긴다는 자세를 견지한다. 그런 마음으로 강의장을 들어서면 실타래 풀리듯 편안하게 강의할 수 있게 됨을 느끼면서 오랜 세월 동안 마음을 다하고 온 힘을 다하면 누구나 명품 강사가 될 수 있다고 강조한다.

오늘도 나는 강조한다.

"나를 만나면 마음 그릇이 더욱더 커지고, 세상을 바라보는 시선이 바뀌고, 당당함과 겸손함을 장착시킬 수 있고, 늘 행복한 변화를 꾀할 수 있고, 행복을 실천할 수 있다."

 **매력적인 콘텐츠로**
나만의 강의 스타일 찾기

국가공인 노인스포츠지도사란? 노인의 신체적·정신적 변화 등에 대한 지식을 갖추고 해당 자격 종목에 대하여 노인을 대상으로 생활체육을 지도하는 사람으로, 문화체육관광부가 주관하고 국민 체육진흥공단이 시행하는 국가공인 자격시험에 합격하고 소정의 연수교육을 받은 자를 말한다. 대단한 국가 자격증이다. 국가가 인정하는 노인스포츠지도사의 자질을 꼽으라면 당연히 노인에 대한 깊이 있는 이해와 전문성이다. 필자는 '노인스포츠지도사'를 준비하는 강사들에게 "노인들의 건강과 여가 선용을 위한 다양한 스포츠 프로그램을 개발하고 지도하는 지도자의 역할을 해야 한다."라고 강조한다.

먼저 노인의 신체적·정신적·사회적인 특성과 변화에 깊이 이해해야 하며, 건강관리에 대한 최소한의 전문적인 지식과 기술을 갖추어야 한다. 그래서 건강관리사 자격을 취득했고 이를 통해 안전과 위생을 최우선으로 해야 함을 강조하고 있다. 어르신들과 원활한 소통 능력이 가장 중요한 이슈로 떠오르고 있고 그에 걸맞는 지도자의 자질을 갖추어야 한다. 사랑이 담긴 한 마디가 어르신들의 하루를 빛나게 하기도 살맛 나게 하기도 한다. 앞으로 더욱더 많아지는 노인층의 수요를 감당할 수 있는 다양한 콘텐츠도 개발해야 한다.

어르신들의 요구 사항을 잘 파악하고 공감하며 적절한 피드백을 제공할 수 있어야 하고, 무한 칭찬과 할 수 있다는 격려의 메시지로 에너지를 끌어올리면 된다. 먼저 다가가 감정의 필요를 채워 주어라. 친절하게 행동하고 웃는 얼굴을 보여주고, 어눌한 손동작이라도 칭찬해주고, 살맛나는 따뜻한 말로 말을 걸어주고, 손을 잡아 주어라. 이런 모든 것은 자신의 감정 계좌에 예금이 척척 쌓이는 것과도 같다. 이 모든 자격을 갖추기 위해서 가장 기본적인 자격증인 노인스포츠지도사 자격증을 취득해야 하지만 민간 자격증처럼 며칠 만에 취득할 수 있는 것이 아니기 때문에 많은 시간과 노력을 투자해야만 한다.

"어떻게 그 많은 일정을 감당해 내나요?" "무쇠 덩어리가 아니고 서야 몸이 어떻게 배겨내요?"라는 질문을 가끔 받기도 한다. 그럴 때면 "명품 강사는 자신의 건강, 몸매, 미소, 능력을 가꾸는 것은 기본 중의 기본이면서 에너지를 주고 에너지를 먹고 사는 사람들이 명품 강사다."라고 말해 준다.

언제 수강생들을 만나러 갈 때만큼 설렜던 적이 있었을까? 20대 한 창 연애하던 시절의 설렘과는 또 다른 설렘으로, 마음은 충만하고 발걸음은 날아갈 것 같은 가벼움으로, 자신이 잘하는 것과 좋아하는 것이 직업이 되었으니 힘든 줄을 모른다. 딱 정해진 교과목인 노인스포츠지도사를 배출하는 강의는 무조건 100% 합격률을 자랑하며 누구나 나를 만나면 합격할 수밖에 없는 구조로 만들겠다는 다짐으로 강의한다. 그것이 늘 합격률 100%를 자랑하는 이유이기도 하다.

"자신도 모르는 사이 변화되어 가는 모습을 보는 것은 참으로 뿌듯한 일이다. 가장 중요하게 생각하는 지도자의 모습을 미리 보여주자."
자신감을 장착하고 옷차림을 깔끔하게 갖추고 최고의 모습으로 수강생들에게 다가선다, "외모도 실력이다. 자신을 먼저 가꾸지 않으면 안 된다."라고 이야기하며, 누구라도 닮고 싶은 나를 만들어 가는 것이 가장 우선임을 인지시킨다.

필자는 강의는 처음 강의장을 들어서는 순간부터 시작된다. 첫째,

눈으로 청중을 먼저 만난다. 미소 짓고 인사하고 대화하는 미인 대칭을 먼저 실천해 본다. 현장에서의 어르신 수업도 마찬가지로 들어오시는 한 분 한 분 먼저 손을 잡고 웃어 드린다. 딱딱하게 굳어 있는, 아예 표정도 잃어버린 어르신들의 표정을 찾아 주기 위해서 나의 얼굴은 하늘 같은 웃음으로 어르신들을 만난다. 수강생 또한 마찬가지다. 어디가 문제인지 무엇이 어려운지 먼저 눈으로 파악해 버린다.

둘째, 적절한 질문 몇 마디면 그 속을 훤히 다 들여다보이고 표정만 보아도 알아차릴 수 있는 능력이 생기면서 수강생들의 니즈를 끌어내어 주면서 누구라도 될 수 있다는 자신감을 장착시켜 버린다.

셋째, 때로는 잠시의 침묵 기법, 스피치의 본질에 속하는 잠시의 쉼으로 수강생들의 긴장감을 끌어내기도 한다.

넷째, 기 싸움에서는 반드시 청중들을 이긴다. 강의 시작 5분 안에 완벽하게 내 편으로 만들지 못하면 마치는 시간까지 지옥이다. 마치는 시각을 쳐다보는 강사는 벌써 청중들과의 기 싸움에서 진 것이다. 나는 늘 최고의 멋진 강사 임을 스스로 상기시킨다. 나의 강의는 최고의 강의라고 느껴야 한다. 완벽한 준비의 결과물이다.

다섯 번째, 시간대별로 다른 대형으로 강의를 시작한다. 그리고 무대를 최대한 활용한다. 한자리에 가만히 서서 강의하지 않는다. 절대로 졸지 않게끔 하는 비결이기도 하다. 대상자들의 참여는 대상자들이 주체임을 느끼게 만든다.

여섯 번째, 나의 강의 기법은 무조건 재미있다. 속이 후련할 정도로 액티브하고 재미있게 진행되면서 시간 가는 줄 모를 정도로 강의에 몰입하게 만든다. 강의가 재미가 없으면 강사로서의 직무 유기라고 생각하기에 수강생 중심의 강의를 위해 PPT 제작을 위한 도구를 구매하거나 협찬받거나 스스로 만들어 내기도 한다. 또한 수강생 중심의 강의를 위해서 모둠수업을 하고 한 분 한 분 모습을 체크함으로써 노인 전문 강사를 완벽하게 만든다.

때로는 왜 강사의 길로 들어섰는지 모를 정도의 수강생들도 더러 있지만 선입견과 편견을 가지지 말자. 누구나 할 수 있음을 강조하면서 결코 자신의 모자람 때문에 좌절하게 만들지 않는다.

자신을 음치, 몸치, 박치라고 강조하는 수강생들을 가끔 볼 수 있다. 먼저 자기 입에서 나온 말들을 누가 제일 먼저 듣는지 물어본다. 당연히 자신이 제일 먼저 듣는다. 자신에게 음치, 몸치, 박치라고 말해 버리면 자신의 잠재의식은 그렇게 만들어 버린다. 이 얼마나 무서운 일인가! 자신의 입을 먼저 다스려야 한다고 강조한다.

명강사 시크릿 **04** 강의 실전, 신명 나게 북을 치며 춤추는 광대가 되자

필자는 어딜 가나 어떤 강의를 할 때나 나 자신의 이야기부터 먼저 풀어나간다. 이름에 얽힌 이야기부터 출생의 이야기까지, 재미있게 풀어나가면서 자연스럽게 수강생들과의 친밀감을 형성하면서 강의를 시작한다. 그러면 언제나 성공적으로 스타트할 수 있다. 나의 어릴 적 경험과 감정을 그대로 이입시키면 모두가 공감의 눈빛을 보내온다.

65년 전 아들이 한 가정의 기둥이었을 당시 우리 친정어머니는 딸만 줄줄이 다섯을 낳았고, 나는 그중 막내로 태어나서 어머니를 너무도 힘들게 만들었고 서러움을 당하게 만들었나 보다. 그래서 어머니는 나에 대한 애정이 아예 없어져 버렸고, 키우지 않으려고 탯줄도 자르지 않고 핏덩이인 채로 냉골에 밀쳐두었다고 하신다. 이런 이야기를 하면 100% 공감의 눈빛을 보낸다. 태어나자마자 목욕을 못 해 지금 이렇게 피부가 검다고 하면 모두가 깔깔거리고 웃지만, 비슷한 사연을 가진 몇 사람이 나오면서 "그래 옛날에는 그런 사람이 종종 있었지." 라고 자신들의 이야기를 풀어내시는 어르신들도 계신다. 그래서 지금의 나는 "살아남기 위하여 어릴 적부터 열심히 했었다."라고 말한다.

어릴 적 추억으로 시작한 말이지만 나에게는 임팩트한 자기소개가 때로는 도움이 되기도 하니까 솔직함은 소통을 위한 최고의 무기가 될 수도 있었다.

라포(Rapport) 형성만 잘되면 수강생과 내가 같은 배를 타게 된 것이며 몇 시간의 강의도 순항할 수가 있다. 그러면 어려움 없이 즐기면서 재미를 더해가며 부모님께서 주신 '내 이름 석 자'를 가지고도 긴 강의 여행을 출발할 수도 있고, 나의 경험을 함께 공유함으로써 동지처럼 함께 멋지고 재미있는 시간을 만들 수가 있다. 강의를 잘하는 데 필요한 또 다른 기본적인 요소는 올바른 태도이다.

"물이 가장 맛있는 온도는?"
"커피가 가장 맛있는 온도는?"
"그러면 강의할 때 가장 좋은 온도는?"
이런 식의 질문들을 던지면서 수강생들의 참여를 이끌어낸다.
"물이 가장 맛있는 온도는 '대략 12도 정도', 커피가 맛있는 온도는 '뜨거운 커피에 각얼음 두 개 정도 넣은 온도. 그럼 강의할 때 가장 좋은 온도는? '태도'입니다."

태도는 많은 것을 말한다. 이것은 수강생이나 강의자나 누구에게나 해당하는 말이기도 하지만, 수강생들의 태도를 결정짓는 것은 어쩌면 강의자의 몫일 수도 있다. 인격 있고 교양도 있고, 거기에 완벽한 강의 기술까지 그리고 풍부한 경험치로 사례를 들어가면서 하는 강의는 수강생들의 태도를 완벽하게 바꿀 수가 있다.

물론 태도에는 외모도 실력임을 늘 강조한다. 어떤 한 사람을 만났을 때 외모에서 풍기는 그 사람의 품격이 거의 90% 이상은 맞기 때문이기도 하다. 당당하면서도 겸손한 표정, 그리고 어디에서나 사람들에게 보이는 화사한 얼굴, 따뜻한 시선의 청아한 눈빛, 온화하면서도 확신에 찬 목소리, 온몸에서 풍기는 카리스마, 그리고 남을 배려할 줄 아는 섬김의 자세 등은 결코 하루아침에 만들어지는 것은 아니기에, 평생의 숙제처럼 가지고 가는 것이다.

강의할 때 메르비안 법칙만 생각해 보면 정답이 나온다. 몸짓, 표정, 같은 것이 언어보다 더 강렬하게 반응하는 비주얼 시대라는 것이 특히 감정적인 의사소통에서는 더 두드러지게 나타난다. 강의 중간중간 청중의 반응에 크게 응답해 주는 것, 귀로 먹는 보약인 칭찬을 극대화해 가면서 하는 강의는 성공할 수밖에 없는 요소들이다.

칭찬은 고래도 춤추게 한다는 말들을 믿으면서 칭찬을 아끼지 않는다. 강의할 때마다 한 사람의 어떤 특이점을 메모해 둔다. '아하, 저분은 동작에 장애가 약간 있구나'. '살짝 박치구나!' '저분은 표정이 너무 어둡구나!' '저분은 너무 산만하구나!' 등. 때로는 ADHD를 가진 성인을 만날 때도 있다. 그럴 때면 한 사람 한 사람씩 개인 터치를 하곤 한다.

단발성의 강의는 '무조건 알차게 재미있게'가 목표이지만 국가공인 노인스포츠 자격증 취득반은 목소리 톤을, 표정을, 아름다운 동작을 만들어 가야 한다.

'저 목소리로는 안 돼!', '더 강하고 크게!' 이런 판단이 서면 나는 전화를 자주 걸어서 목소리 점검부터 들어간다.

"왜? 목소리가 그렇게 작아요?"

"도, 레, 미, 파, 솔, 라, 시, 도… 솔 톤까지 시도해 봅시다."

얼굴은 얼이 들어왔다가 나가는 골짜기임을 강조하면서 내 마음속의 많은 것이 표정 안에 다 들어가 있으니, 얼굴을 다듬어서 멋진 표정으로 멋진 인생을 만들어 보자고 강조한다.

그렇게 몇 번의 강의로 바뀌어 지지는 않겠지만 분명 긍정적인 효과는 나타나고 있으니 얼마나 보람찬 인생인가! 사람이 책을 만들고 책이 사람을 만든다고들 하지만 훌륭하고 좋은 강의도 책 못지않은 변화를 준다고 믿는다. 지도자의 자세에 따라서 수강생들의 자세도 달라지니 지도자로서의 사명감과 소명 의식은 남달라야 한다고 나름대로 생각하며 열심을 넘어선 뜨거운 마음, 내 수강생이 기절할 때까지 수강생들의 변화를 위해 최선을 다한다.

사람들은 프레젠테이션을 잘하는 사람은 타고 난다고 생각한다. 물론 선천적으로 타고난 사람들도 있겠지만, 필자는 철저한 준비와 연습을 게을리하지 않는 편이다. 수강생들이 무엇을 원하는지 분석하고 발표 콘셉트를 잡고, 시각 자료 만들고 발표 시나리오를 만들어 연습한다. 물론 약간의 울렁증은 있지만 그 무대 울렁증을 없애기 위해서는

자주 무대로 올라가 연습하는 것만이 살길임을 알기에 무조건 앞서서
발표해 버린다. 때로는 먼저 해버려서 약간의 손해 아닌 손해도 있었
지만 '무조건 한다.'라는 신념으로 밀어붙인다. 프레젠테이션 능력은
누구에게나 있으니 특별한 차이를 만드는 비결은 철저한 자료 준비와
연습뿐, 프레젠테이션은 나의 스펙을 표현하는 힘이다.

명강사 시크릿 05 청중과 함께하는 강의 브랜딩 전략

사람들은 눈에 확 띄고 활발해서 남을 끌어당기는 능력이 있는 사
람을 좋아한다. 진정한 지도자는 빛을 발산하고, 자신의 매력으로 수
강생을 끌어당겨야 한다. 스스로 설 수 있고 자신을 통제하고 침착하
며, 편애나 무대 공포를 느끼지 않는 것은 강사들에게는 큰 자산이다.
다른 사람들이 어떻게 생각하고, 뭐라고 말하며, 무엇을 하든 강사는
신경을 쓰지 않아야 한다. 자신의 능력을 믿고 명강사의 길을 가기 위
해 우리는 우리 안에 있는 강사로서의 신념에 따라 행동해야 하고, 무
언가 이루게 되면 우리의 신념은 더욱 강해질 것이다.

사람들을 리드하고 지도하는 지도자의 길을 사랑하고 거기에서 행
복을 느껴야만 한다. 자신을 잘 격려해야 하며, 확실한 목표를 정해서
최고 강사라는 대체 불능의 강사로서의 자리매김할 때까지 나의 순수
의식과 무의식을 우주로 공명시킨다는 마음으로 의지를 밝힌다. 내 몸

을 스스로 조종하듯이 현실을 조종한다. 이 세상의 작은 일부분이 되어 그 속으로 녹아들어 가면서 정확한 목표 100퍼센트 합격이라는 목표를 향해 나간다.

국가공인 노인스포츠지도사로서의 나의 이미지는 이제 어느 정도 궤도에 올라선 것 같기도 하지만 아직도 멀었다고 생각한다. 새로운 나를 다시 만들어야 하고 환골탈태하는 마음가짐이 필요하다. 자만심이 스멀스멀 올라올 때는 새로운 프레임이 필요할 때이다. 필자도 역시나 인간인지라 명예욕도 있고 칭찬받기 좋아하고 모두가 나를 봐주기를 원한다. 사람들의 반응에 예민하게 반응하기도 하도, 때로는 변명도 한다!

그림자 인격도 있었다. 그림자도 나의 일부이기는 하지만 나는 지도자의 길을 가고 있는 사람이다. 밖에서는 품위 있고 행복하고 이해심이 많은 사람이지만 집으로 들어오면 손가락 까딱하기 싫은 사람이다. '그림자 인격을 어떡해야 하나?' 우선 내 안의 이기적인 욕심을 버려야 되는데 내가 아니면 안 된다고 생각하는 것이 문제일 테지. 누구에게나 그림자 인격은 있게 마련이다. 그래서 나를 새롭게 세울 수 있는 것은 독서를 통해서 나를 돌아보는 것, 글을 쓰면서 옆눈질이라도 하면서 모방해 보는 것이다. 모방하면서 새롭게 창조되는 것을 찾아보자.

하늘과 땅은 영원하다. 하늘과 땅이 영원할 수 있는 까닭은 스스로를 위해 살지 않기 때문이다. 이것이 하늘과 땅이 영원할 수 있는 까닭이다. 지도자도 마찬가지로 자신을 뒤에 세움으로써 결국 앞에 서고 자신을 돌보지 않기 때문에 오히려 보호받는다. 다른 사람이 필요로 하는 것을 채워 주면 내가 원하는 것을 얻을 것이기 때문이다. 즉 자신을 버림으로써 성취를 이룬다.

(웨인 다이어의 《노자 다시 읽기》 중에서)

노인스포츠 국가 자격증 과정을 마치고 나면 1년이라는 세월이 후다닥 지나가 버린다. 세월이 얼마나 빠른지를 느껴볼 시간조차도 느끼지 못하는 시간 속 여행이다. 또다시 노인스포츠 자격반 모집을 해야 할 시점이다. 마침이 새로운 시작점인 것처럼 다시 모집을 고민하는 시점에, 이미 교육을 받았던 분들이 소개해 주신다. 열정과 진심과 온심만이 살아남는 세상이다.

평생교육원에 교육 제안서 만들어서 넣고, SNS에 현재의 성과물을 끊임없이 업로드하고, 개별적으로 홍보를 해야 할 시점이다. 공감은 사람을 춤추게 한다. "아, 그래요?"라고 말하는 사람보다 "와, 정말 꼭 필요한 자격증이네요!" 이런 공감대를 형성해야만 된다. 특별한 '교감인'들을 만나야 하고 만들어 나가야 하는 시점이기도 한 요즘 나의 마음은 언제나 처음이라는 마음으로 세상에 나간다.

'모든 이가 꺼리는 낮은 곳'으로 가서 마음을 열자. 잘하고 있다고 스스로 말해 준다.

뼛속까지 강사인 나 기적을 꿈꾼다

부끄러운 마음이고, 조심스럽지만 당당한 마음으로 공저에 참여해서 한 권의 책을 세상에 내놓은 심정은 기쁨으로 가득하다. 세상 살아가는 일처럼 늘 완벽하지는 못하지만 한 권의 책 속에 나의 결심과 열심, 진심을 다 쏟아낸 책이라고 생각하니 더욱더 강사로서 책임감으로 무장되는 마음이었고 세상에 태어나서 섬섬옥수 같은 생애 최고의 날들을 만들어 나가는 데 일조를 할 수 있게끔 도와주신 한국강사교육진흥원 김순복 원장님을 만난 것은 축복이었다.

이 책을 읽는 여러분들에게도 가장 행복한 변화를 줄 수 있기를 간절히 염원하면서 이렇게 이야기하고 싶다.

"공저에 참여하신 강사님들 조금이라도 더 나은 세상을 위해서 함께할 수 있어서 영광이었습니다. 〈나도 작가되기 챌린지〉에서 매일 영상으로 만나는 시간이 축복과 기적이었습니다."

08

ESG 체인지메이커

전미경

주요 경력

ESG글로벌교육문화협회 대표

한국강사교육진흥원 수석연구원

(주)중앙사이버평생교육원 운영교수

(주)마음의 숲 인성교육팀장

전)서정대학교 글로벌융합복지 겸임교수

명강사 시크릿 01 사회교육자에서 ESG 전문가까지, 끊임없는 성장

지방 강의 출장을 나와 피곤함에 쓰러져 잤건만 밀려오는 파도 소리가 새벽 단잠을 깨운다. 매번 새로운 강의 환경과 새로운 사람들과 함께하는 강의 현장 상황을 반영하여 강의 내용을 시시각각 변화시켜야 한다. 강사는 강의가 끝나는 시점까지 늘 긴장감을 놓을 수 없다. 그래서 오늘도 한여름 출장 장소에서 새벽잠을 더 설치는가 보다. 그런 강의를 사랑하는 나는 뼛속까지 강사인가 보다.

"강사 전미경은 어떤 강사인가?"

이 물음에 대한 답을 찾기 위해 오늘도 다시금 강의를 준비한다. 강단 위에 서 온 시간이 벌써 30년이 훌쩍 넘었다. 20대 중반부터 학생들을 위하여 쏟은 땀방울은 나의 눈물이고 희망이었다. 사회교육자로 쏟아부은 열정적인 삶이 나를 지금까지 성장하게 한 버팀목이었다. 학부모의 마음으로 최선을 다하여 가르친다는 마음과 똘끼 품은 열정 하나로 무작정 달려온 사회교육자의 삶이었다.

바쁜 학부모를 대신하여 아픈 아이를 둘러업고 병원으로 향한 일, 내 집에서 학생들과 숙식을 같이 한 일, 학교 과제도 챙겨주고, 학생 성적을 부모보다 더 안타까워하며 함께한 지난 수년. 내 자식처럼 사랑으로 지도해 왔던 시간이었다. 그렇게 키운 수백, 수천 명의 학생들이 어느새 가정을 이루고, 사회 구석구석에서 자신의 역할을 번듯하게 해내고 있다는 소식이 들려올 때면 나름대로 사회에 이바지한 최고의 강사로 최선을 다하며 살아왔다고 스스로 칭찬해 주고 싶다.

하지만 학생들에게 단순 성적을 올려주는 것만으로는 그들의 꿈과 진로를 탐색하는 데 큰 도움을 주기 어렵다는 것을 느꼈다. 학생들에게 도움이 되고자 시작한 학생 진로코칭 프리랜서 강사 활동은 오히려 나에게 새로운 강의 영역을 열어주는 계기가 되었다. 새로운 강의, 새로운 지식의 습득과 전달은 큰 자극이 되었다. 이는 기업체 리더십, 커뮤니케이션, 팀빌딩, 스트레스, 학부모 교육, 군 장병 대상의 인성교육, 평생 교육사 양성 지도 등 다양한 강의를 할 수 있도록 성장하는 시발점이 되었고, 다양한 강의 주제로 대중들과 함께 호흡했다.

뒤늦게 시작한 평생교육 석사과정과 아직 열심히 공부하고 많은 것을 배우고 있는 교육행정 박사과정은 내가 꾸준히 강의로 대중과 소통하며 성장하는 삶을 지탱해 주는 큰 힘이 되어 주었다. 그러나 다양한 영역을 강의한다는 것은 나를 한 분야의 전문가로 세우기에는 부족하다고 느꼈다. 강사로서 나 자신을 상징하는 영역이 필요했다. 많은 분야를 얇고 옅게 강의하기보다 한 분야의 전문가로 성장해야 한다는 고민을 하게 되었다. 그러던 시기, 가치 중립을 중요시하는 과학자들이 길거리로 나와 환경문제의 심각성을 알리는 시위를 한다는 뉴스를 보게 되었다. 그들은 더 이상 환경파괴를 경고하는 것이 아니라

제발 환경을 지켜달라고 호소하고 있었다. 그 모습은 너무나 충격적이 었다. 환경을 보호해야 한다는 생각은 어느새 사명감이 되어 나에게 거센 파도처럼 다가왔다.

강사란 단순히 지식을 전달하는 사람을 넘어, 학습자들의 삶에 영 향을 미치는 촉매제 역할을 해야 한다. 끊임없이 변화하는 세상 속에 서 강사는 계속해서 학습하고 새로운 지식의 흐름과 파도에 변화하지 않고 저항하는 것이 아니라, 그 위를 마치 서핑 선수처럼 올라타야 한 다. 새로움에 도전하는 것, 강사 전미경의 정체성이자 삶의 방식이 되 었다.

새로운 도전을 두려워하지 말자: ESG 강의라는 새로운 파도

30년이라는 세월 동안 단상 위에서 쏟아부은 땀과 열정은 절대 헛 되지 않았다. 다양한 분야의 강의와 교육을 진행하며 쌓아온 경험과 노하우는 ESG 강의라는 새로운 파도에 도전할 수 있는 자산이 되었 다. 물론 새로운 분야에 도전하는 것은 마냥 쉽지 않았다. 내가 전문적 으로 학습하거나 경험한 분야가 아니라는 낯섦은 배움의 발목을 잡고 있었다. 그러다 ESG가 결국 환경과 함께 살아가기 위한 것이며 이를 위해선 사람들 간 커뮤니케이션, 리더십, 가치교육이 동반되어야 한다 는 것을 배우게 되었다. 그동안 내가 진행해 온 강의와 유사성을 발견한 순간 낯설었던 ESG는 어느새 주변에서 쉽게 찾아볼 수 있는 영역이 되었고 새로운 배움에 대한 즐거움이 내 나름의 강의 스타일을 연구하는 동력이 되었다.

새로운 분야에 도전하기 위해서는 먼저 깊은 이해와 전문성을 갖추어야 한다. 관련 서적을 읽고, 전문가 강연을 듣고, 온라인 강좌를 수강하며 ESG에 대한 지식을 쌓아나갔다. 또한 관련 학회 및 콘퍼런스에 참여하여 최신 트렌드와 동향을 파악하고, 전문가들과 네트워크를 구축하였다. 특히 기업 ESG 컨퍼런스에서 기업들 역시 ESG 경영을 반드시 실천해야 한다는 것을 알게 되었다. 전 세계적인 환경문제 대두에 따라 ESG 경영이 기업의 이미지, 상품, 평가 등에 직접적인 영향을 미치며 상품 수출에까지 영향을 미친다는 것을 보면서 'ESG에 대한 수요가 점차 증가할 수밖에 없다.'는 생각이 들었다. 처음에는 이해하기 어려운 용어와 개념들이 많았지만, 꾸준히, 하나하나 풀어나가면서 ESG에 대한 지식을 체계적으로 쌓아나갈 수 있었다. 또한 전문가들과의 교류를 통해 다양한 관점을 접하고, 내가 모르는 부분을 채울 수 있었다.

강의에 대한 열정과 성장 의지가 없었다면 도전을 지속하기 어려웠을 것이다. 필자는 ESG가 지속 가능한 미래를 위한 필수적인 가치라고 믿었고, 강사로서 ESG를 많은 사람에게 알리고 싶다는 열정과 책임감까지 느끼며 이런 가치를 공유하는 강사들과 함께 ESG글로벌교육문화협회를 만들었다. ESG글로벌교육문화협회에서 환경문제, 강의 방법, 환경교육 등 다양한 생각을 공유하고 환경문제의 글로벌 이슈와 트렌드에 대해 토의하는 경험은 같은 가치를 공유하는 공동체가 가지는 특별한 경험을 제공해 주고 있다. 또한 새로운 분야를 지속적으로 탐구하는 경험은 나 자신에게 큰 보람을 안겨주었다. 물론 강의를 준비하고 진행하는 과정에서 어려움과 좌절도 있었다. 하지만 포기하지 않고 끊임없이 노력하며 성장해 나갔다. 특히 ESG 경영, 미래를 향한 우리의 발걸음이라는 제목으로 첫 강의를 들은 청중들로부터 긍정적인 피드백을 받았을 때는 큰 기쁨을 느꼈고, 이러한 기쁨이 나의 강의에 대한 열정을 더욱 키워주었다.

강의를 진행할 때 단순히 지식만을 전달하는 것은 다른 매체로도 충분히 가능하다. 강사는 다른 매체들이 제공하지 못하는 재미있고 매력적인 강의를 통해 청중들에게 깊은 인상을 심어주어야 한다. 나는 다양한 시각 자료와 참여 활동을 활용하여 강의를 구성하고, 실생활 예시로 '꿀벌 만들기 활동'을 적극적으로 활용하여 청중들의 참여를 유도했다. 꿀벌 만들기는 해어진 양말을 이용하여 꿀벌 모양으로 만드는 것으로 꿀벌 날개에 환경 활동 약속 비전을 적어 책상 위에 두며 늘 환경을 생각하고 실천하기에 참 좋은 활동이다. 계절마다 아름다운 꽃을 피우게 해주고, 열매 맺게 해주던 꿀벌이 다시 우리 곁으로 돌아오게 하는 일의 한 방편으로 진행되는 꿀벌 만들기는 많은 사람에게 흥미와 관심을 유발하며 좋은 효과를 만들어 내고 있다.

강의를 통해 청중들이 ESG에 대한 이해도를 높이고, 지속할 수 있는 미래를 위한 실천 방안을 모색할 수 있도록 돕고 싶다. ESG가 단순히 기업의 경영 전략이 아니라 우리가 모두 함께 만들어 가야 할 가치라는 것을 인식하도록 돕고 싶기 때문이다. 그래서 ESG 시민 교육이 더욱 필요한 것이다.

ESG 강의는 단순히 지식을 전달하는 것이 아니라, 청중들과 함께 소통하고 토론하며 지속 가능한 미래를 함께 만들어 가는 방안을 모색하는 과정이다. 강의를 통해 청중들이 서로 연결되고, 지속 가능한 공동체를 만들도록 도우며 ESG 관련 네트워크를 구축하는 방안을 모색하고, 다른 강사들과 함께 강연을 기획하고 진행하며, ESG 교육에 대한 논의를 활성화하고 있다. 또한 ESG가 우리 모두의 삶과 밀접하게 연결되어 있음을 인식하고, 지속 가능한 미래를 만들기 위해 작은 실천부터 동참하도록 강의를 통해 널리 알리고 있다.

새로운 분야에 도전하는 것은 새로운 사람들을 만나고 네트워킹을 구축할 기회이기도 하다. 필자는 ESG 강의를 통해 다양한 분야의 전문가들과 교류하고, 새로운 아이디어와 시각을 얻을 수 있었다. 또한 ESG 관련 프로젝트에 참여하고, 새로운 기회를 얻을 수 있었다. 근래에 ISO ESG 심사원 과정 자격증 취득한 것도 같은 맥락이다. 물론 새로운 도전에는 위험과 어려움도 따른다. 하지만 두려움에 굴하지 않고 도전한다면, 상상 이상의 성장과 발전을 이룰 수 있다는 것을 이미 몸으로 배웠기에 지금도 여전히 도전하고 있는 것이 아닐까?

"꿈은 꾸기만 하면 꿈으로 남는다. 하지만 도전하는 순간 현실이 된다!"

명강사 시크릿 **03** ESG, 나의 삶 속에 스며든 지속 가능한 미래를 향한 여정

어느날, 마트에서 장을 보던 중 유기농 딸기 패키지에 적힌 '친환경'이라는 단어가 유독 눈에 들어왔다. 플라스틱 포장재 대신 종이 포장재를 사용하고, 재활용이 가능한 소재로 만들어진 생활용품들. 몇 년 전만 해도 생소했던 단어들이 이제는 우리 일상에 자연스럽게 스며들었다는 사실이 새롭게 느껴졌다. 이러한 변화의 중심에는 바로 ESG라는 개념이 있다는 것을 알게 되었다.

처음 ESG라는 말을 들었을 때, 솔직히 어렵고 복잡하게 느껴졌다. 환경, 사회, 지배구조라는 단어들이 마치 어려운 경제 용어처럼 다가왔다. 하지만 조금씩 공부하고 주변에서 ESG 관련 뉴스를 접하면서 그 중요성을 깨닫게 되었다. ESG는 단순히 기업의 경영 방식이 아니다. 우리 모두의 삶과 바로 밀접하게 연결된 문제이다. 예를 들어, 내가 자주 이용하는 커피숍에서 일회용 컵 대신 개인 텀블러를 사용하는 것, 또는 플라스틱 빨대 대신 대나무 빨대를 사용하는 것처럼 작은 실천들이 ESG를 실천하는 모습이란 것을 알게 되었다. 또한 투자할 때도 ESG 경영을 실천하는 기업에 투자하는 것을 고려해 볼 수 있다는 사실도 새롭게 알게 되었다. ESG를 실천하면서 가장 큰 변화는 내 삶에 대한 만족도가 높아졌다는 것이다. 단순히 물건을 소비하는 것에서 벗어나, 내가 소비하는 제품이 어떤 과정을 통해 만들어졌는지, 어떤 사회적 가치를 창출하는지에 대해 고민하게 되었다. 또한 작은 실천들이 모여 큰 변화를 만들어 낼 수 있다는 사실에 보람을 느낀다.

ESG 실천하기, 전혀 어렵지 않다.

우선, 일상생활에서 플라스틱 사용을 줄이기 위해 장을 볼 때는 장바구니를 챙기고, 개인 텀블러와 손수건을 항상 휴대하고 다닌다. 또한 친환경 세제를 사용하고, 에너지 절약을 위해 가정에 불필요한 전등을 끄는 등 작은 습관들을 실천하고 있다. 마음만 먹으면 쉽게 실천할 수 있는 분리수거 철저히 하기, 친환경 제품 사용하기, 대중교통 이용하기, 채식 실천하기(가끔 채식 식단을 즐기기), 지역 농산물 구매하기, ESG 경영을 실천하는 기업의 제품 구매하기, ESG 관련 펀드에 투자하기, 에너지 절약(불필요한 전등 끄기, 냉난방 온도 조절 등) 하기, 친환경 소재로 만든 제품 구매하기, 환경 보호 단체 후원하기, 주변 사람들에게 ESG의 중요성 알리기 등 이러한 작은 실천들이 모여 큰 변화를 만들어 낼 수 있다는 것을 주변에 널리 알려 우리 모두 함께 ESG를 실천하고, 지속 가능한 미래를 만들어 가도록 노력해야 할 것이다. 그뿐만 아니라 투자할 때도 ESG 경영을 실천하는 기업에 투자하려고 노력하고, ESG 평가가 높은 기업의 제품을 구매하고, ESG 관련 펀드에 투자하는 등

ESG를 실천하는 다양한 방법을 찾아 실천한다면 당연히 기업들은 ESG 경영에 게으를 수 없을 것이다.

ESG는 우리 사회를 바꾸는 힘이다.

ESG는 단순히 개인의 실천을 넘어, 위에서 말했듯이 사회 전체를 변화시키는 강력한 힘을 가지고 있다. 기업들은 ESG 경영을 통해 지속 가능한 성장을 이루고, 사회적 책임을 다하며, 투자자들에게 신뢰를 얻을 수 있다. 또한 정부는 ESG 관련 정책을 마련하여 기업들의 ESG 경영을 장려하고, 사회 전체의 지속 가능한 발전을 이끌어갈 수 있다. 필자는 ESG가 단순한 유행이나 트렌드가 아니라, 미래 세대를 위한 필수적인 가치라고 생각한다. 우리는 다음 세대에게 깨끗하고 건강한 지구를 물려줘야 할 의무가 있다. ESG를 실천하는 것은 곧 미래 세대를 위한 투자이며 약속이다.

ESG, 이제는 낯선 단어가 아니다. 이제 우리 삶의 일부분이 되었다. 작은 실천 하나하나가 모여 큰 변화를 만들어 낼 수 있다는 것을 기억해야 한다. 우리가 모두 ESG의 중요성을 인식하고, 함께 노력한다면 더 나은 미래를 만들어 갈 수 있을 것이다. 필자는 앞으로도 ESG에 관한 관심을 두고, 작은 실천을 꾸준히 이어가고 싶다. 그리고 더 많은 사람에게 ESG의 중요성을 알리고, 함께 지속 가능한 미래를 만들어 가고 싶었기에 ESG를 시민 교육에 초점을 두어 ESG 체인지 메이커를 양성하고자 한다.

"사려 깊고 헌신하는 작은 시민 집단이 세상을 바꿀 수 있다는 것을 의심치 않습니다. 시민이야말로 지금까지 세상을 바꿔온 유일한 존재입니다."

(미국 문화 인류학자 Margaret Mead)

 **ESG, 체인지메이커 세상을 바꾸다**

코로나 팬데믹 이후, 전 세계는 '환경·사회·거버넌스(ESG)'라는 새로운 화두에 휩싸였다. ESG는 단순한 흐름을 넘어, 지속 가능한 미래를 위한 필수적인 요소로 자리매김하며 우리 삶의 방식을 근본적으로 바꾸고 있다. 그러한 가운데 ESG글로벌교육문화협회는 이러한 시대적 변화에 발맞춰, 기업 중심의 ESG를 넘어 시민 모두가 참여하는 ESG 문화를 만들기 위해 설립했다. 협회는 "ESG 불편하지만, 멋있잖아!"라는 슬로건 아래, 생활 속에서 ESG를 실천하는 체인지메이커(Change maker)를 양성하고, K-ESG를 세계에 알리는 것을 목표로 한다.

ESG글로벌교육문화협회의 "ESG 불편하지만, 멋있잖아!"라는 슬로건은 TV 광고, 영화, 뮤직비디오 프로듀서이자 감독이신 첼리스트 성승한 선생님께서 특별히 ESG에 관심을 두시면서 이야기하신 내용을 허락받고 협회 슬로건으로 갖고 온 것이다. ESG는 우리 생활에 실천하기에 많은 불편함을 느끼지만, 우리가 살아가는 지구를 위해, 또한 다음 세대를 위해 멋진 행동임을 알리기에 충분히 멋진 슬로건 아닌가? 이번 기회에 선생님께 다시 한 번 더 감사를 드린다.

ESG 시민 문화를 쉽게 만들기 위해 우리 주변을 살펴보던 중에 어느새 사라져간 꿀벌을 알게 되었다. 꿀벌이 사라진 세상, 우리는 무엇을 할 수 있을까? 꿀벌은 단순히 꿀을 만드는 곤충이 아니다. 그들은 지구 생태계의 균형을 유지하는 데 없어서는 안 될 존재이다. 꽃가루를 옮겨 식물의 번식을 돕는 수분 매개자로서, 꿀벌은 다양한 생명체들의 먹이 사슬을 이어주는 중요한 역할을 한다. 꿀벌의 부지런함과 끈기는 인간에게 많은 것을 시사하기도 한다. 하지만 안타깝게도 꿀벌의 개체 수가 점점 줄어들고 있다. 기후변화, 농약 사용, 서식지 감소 등 다양한 원인으로 인해 꿀벌들은 생존의 위협에 직면해 있다.

협회는 계절마다 아름다운 꽃을 피우게 해주고, 맛있는 과일을 열매 맺게 해주던 꿀벌들이 사라진 현실에 주목했다. 꿀벌의 멸종은 단순히 꿀 생산 감소를 넘어, 생태계 균형을 무너뜨리고 식량 안보를 위협하는 심각한 문제이다. 꿀벌은 작지만, 강한 생명력을 가진 존재다. 우리는 꿀벌에게서 많은 것을 배우고, 함께 살아가야 할 소중한 동반자이다. 꿀벌과 함께 지속 가능한 미래를 만들어 나가는 것이 우리 모두의 책임이라고 생각하기 때문에, 협회는 〈Comeback Bee〉 캠페인을 통해 꿀벌을 다시 우리 곁으로 불러들이는 것을 ESG 운동의 시작점으로 삼았다. 꿀벌 보호는 곧 환경 보호이며, 지속 가능한 미래를 위한 첫걸음이기 때문이다.

또한 협회는 2030년까지 ESG 체인지메이커 100만 명을 양성하고, ESG 생태계 및 플랫폼을 구축하는 것을 비전으로 삼고 있다. 이를 위해 다음과 같은 미션과 핵심 가치를 추구한다. ESG 체인지메이커는 ESG의 올바른 개념을 이해하며, 새로운 가치를 창조하는 사회성 향상 교육 역량을 강화하고, 지역 사회 및 생활 속에서 변화할 수 있도록 ESG 실천 문화 활동을 통해 지역 사회 및 생활 속에서 변화를 끌어낼 수 있도록 보조하는 능력을 보유하며, 기후 위기 극복, 탄소 중립 실현을 위한 새로운 환경적·사회적 ESG 문화 실천론과, 체인지메이커로서 역할을 이해하며, 새로운 가치를 창조하고 변혁적 생활 실천을 할 수 있는 ESG 실천 프로그램을 기획, 개발하고, 그린워싱을 찾아내고 개선할 수 있는 수행 능력을 보유하고 실천하는 사람을 일컫는 말이다.

ESG글로벌교육문화협회의 미션은 기업 중심 ESG를 시민 주도 ESG로 전환하고, 생활 속에서 ESG 문화를 실천하는 체인지메이커를 육성하여 지속 가능한 지구와 행복한 사회를 실현한다는 것이며, 핵심 가치로는 "첫째, 우리는 ESG 체인지메이커입니다. 둘째, 우리는 생활 속에서 ESG를 실천합니다. 셋째, 우리는 그린워싱을 찾아 개선합니다. 넷째, 우리는 ESG 문화를 홍보하는 인플루언서입니다. 다섯째, 우리는 ESG 선한 영향력을 만들고, 지구촌 이웃들과 함께 협력합니다."라는 다섯 가지 핵심 가치를 중심으로 활동한다. 이 다섯 가지 핵심 가치로 ESG 실천 문화를 모두 담을 수 없지만, ESG 교육 비전을 담아

두기에 충분하리라 생각한다.

ESG, 이제는 먼 미래의 이야기가 아니다. ESG는 이제 기업의 사회적 책임을 넘어, 우리 모두의 삶과 밀접하게 연결되어 있다. 나는 ESG가 불편하고 어렵다는 인식을 바꾸고, ESG 실천이 우리 삶을 더욱 풍요롭게 만들 수 있다는 것을 알리고 싶다. 함께 만들어 가는 지속 가능한 미래를 위해 ESG글로벌교육문화협회의 독특한 STAR WAY 교육 프로세스를 소개하고자 한다. ESG글로벌교육문화협회는 ESG를 바라보는 남다른 시선, 사고, 행동, 책임감을 강조하며, 이를 실현하기 위한 독자적인 일하는 방식인 'STAR WAY'를 제시한다.

S : See - ESG를 바라보는 남다른 시선

전 지구적인 관점으로 ESG는 단순히 기업의 문제가 아니라, 인류 전체의 미래를 위한 과제임을 인식하고, 글로벌 시민의 일원으로서 ESG 문제에 대한 책임감을 느낀다. 다양한 이해관계자의 관점으로는 기업, 정부, 시민사회 등 다양한 이해관계자의 관점을 종합적으로 고려하여 ESG 문제를 해결하기 위한 해법을 모색하며, 미래 지향적인 관점으로는 단기적인 성과에 집착하지 않고, 지속 가능한 미래를 위한 장기적인 관점에서 ESG 문제를 해결하기 위해 노력한다.

T : Think - ESG에 대한 남다른 사고

창의적인 사고로 기존의 틀에 얽매이지 않고, 새로운 아이디어와 해결 방안을 모색하여 ESG 문제에 대한 혁신적인 접근을 시도하며, 비판적인 사고로 기존의 시스템과 관행에 대한 비판적인 시각을 가지고, 더 나은 방향으로 개선하기 위한 노력을 지속한다. 또한 시스템 사고로 ESG 문제가 서로 연결되어 있음을 인식하고, 시스템 전체를 고려하여 문제를 해결하기 위한 종합적인 접근 방식을 취한다.

A : Act – ESG에 대한 남다른 실천

실행력 강화에 초점을 두어 아이디어를 구체적인 행동으로 옮기고, 목표 달성을 위해 끊임없이 노력하며, 협력과 소통을 중요하게 다루며 다양한 이해관계자와 협력하여 시너지를 창출하고, ESG 문제해결을 위한 공동의 목표를 달성한다. 지속적인 개선점을 찾아 실천 과정에서 발생하는 문제점을 지속해서 개선하고, 더 나은 결과를 도출하기 위해 노력한다.

R : Responsibility – ESG에 대한 남다른 책임감

사회적 책임으로 ESG 문제해결을 통해 사회에 이바지하고, 더 나은 세상을 만들기 위한 책임감으로 뭉쳐야 한다. 윤리적 책임감으로 윤리적인 가치를 기반으로 ESG 활동을 수행하고, 투명하고 공정한 방식으로 업무를 처리한다. 더불어 미래 세대에게 지속 가능한 세상을 물려주기 위한 책임감을 느끼고, ESG 활동을 통해 지속 가능한 미래를 만들어 나간다.

ESG글로벌교육문화협회는 ESG를 실천하는 STAR WAY를 통해 ESG를 단순한 구호가 아니라, 실제 행동으로 옮기고 있으며, ESG 교육 프로그램 개발, ESG 컨설팅, ESG 관련 연구 등 다양한 활동을 통해 ESG 생태계를 조성하고, 지속 가능한 미래를 위한 기반을 마련하고 있다.

명강사 시크릿 05 ESG 시대를 이끄는 나만의 끊임없는 성장과 도전

30년이 넘는 시간 동안 강단에 서며, 필자는 단순히 지식을 전달하는 사람을 넘어, 학습자들의 삶에 영향을 미치는 촉매제 역할을 해왔다고 자부한다. 끊임없이 변화하는 세상 속에서 강사라는 직업은 단순한 직업이 아니라, 필자의 정체성이자 삶의 방식이 되었다. 특히 ESG라는 거대한 파도 속에서 나는 ESG 체인지메이커로의 꿈을 꾸기 시작했다. ESG는 빠르게 변화하는 분야이기 때문에, 항상 최신 정보를 습득하고 나를 발전시켜야 한다. ESG 강사로서 단순히 지식을 전달하는 것을 넘어, 사람들의 마음을 움직이고 행동 변화를 끌어내는 데 집중하며 사회에 긍정적인 영향을 미치고 싶다.

처음 ESG 경영에 대한 주제로 강단에 섰을 때의 막막한 떨림은 아직도 남아 있다. 하지만 내가 배운 지식과 경험을 열정적으로 전달하려 노력했다. 그리고 점차 청중들의 반응이 좋아졌다. 그들의 궁금증과 고민을 경청하면서 서로 소통하다 보니 강의 실효성도 높아졌다. 특히 ESG에 관한 관심이 높아지면서 필자의 강의에 대한 수요가 늘어났다. 환경, 사회, 지배구조 등 ESG 전반의 주요 이슈들을 체계적으로 전달하고, 개인과 기업, 사회가 함께 실천하는 방안을 제시하는 강의가 주목받았다. 이를 계기로 나는 ESG 강사로서의 정체성을 더욱 뚜렷하게 정립할 수 있었다. 강의에 대한 호응이 좋아지면서 나도 점점 더 강사로서 자부심을 느끼게 되었다. 강단에 설 때마다 강의에 집중하는 청중들의 모습과 실천 방안을 함께 고민하는 시간은 무척 보람 있다.

이처럼 청중들과의 진솔한 소통은 오랫동안 사랑받는 강사로 살아남을 수 있었던 가장 큰 비결이라고 생각한다. 강의는 일방적으로 전달하는 것이 아니라 청중들의 반응에 귀 기울이고, 그들의 고민에 공감하면서 함께 해결책을 모색하는 것이 중요하다고 생각한다. 강의 후 질의응답 시간이나 강의 평가를 통해 청중들의 의견을 수렴하고, 이를 바탕으로 다음 강의에 반영하는 노력을 지속해 왔다. 또한 ESG 분야의 전문성을 지속해서 쌓아나가는 것도 중요한 과제이다. ESG는 빠르게 변화하고 있는 개념이기 때문에 새로운 트렌드와 이슈들을 꾸준히 학습하고 연구해야 한다. 끊임없는 학습과 자기 계발을 통해 더욱 전문적인 강사로 성장하고, ESG 생태계 구축에 이바지하고 싶다. 나의 노력이 모여 더 나은 세상을 만들 수 있다고 믿는다. ESG 강사로서의 꿈을 향해 끊임없이 나아갈 것이다.

ESG 시대를 이끄는 강사의 역할

강사 전미경은 앞으로도 ESG 강사로서 개인, 기업, 정부 등 다양한 주체들의 ESG 실천을 독려하고 지원하는 것이 중요한 책무이자 역할이라고 생각한다. 또한 ESG가 우리 사회에 어떤 변화가 찾아올지에 대한 비전을 제시하고 싶다. 다양한 채널을 통한 메시지 전달과 ESG 캠페인 기획, ESG 관련 단체와의 협력, 청소년 대상 교육, ESG 교육 전문가 양성, ESG 교육 프로그램 개발, ESG 기업 컨설팅 등 ESG 가치를 실현하는 다양한 방법을 추진하고자 한다.

ESG는 빠르게 변화하는 분야이므로 항상 새로운 도전을 두려워하지 않고, 끊임없이 배우고 성장하는 강사가 되어야 한다. ESG 강사로서, 사람들의 마음을 움직이고, 행동 변화를 끌어내는 데 집중하며 청중들과의 소통을 통해 ESG에 대한 실천적 지혜를 전해드릴 수 있도록 최선을 다해야 한다. 그리고 언제나 청강생들과 함께 ESG의 실천을 견인해 나가는 강사로서 청강생들의 변화와 성장을 응원하며, 앞으로도 '뼛속까지 강사'로서의 꿈과 비전을 실현해 나갈 것이다.

온난화로 기록적인 폭염 등 이상기후로 몸살을 앓고 있는 오늘도, ESG 강의와 함께 1%의 변화와 성장을 기대하며, 지속 가능한 미래를 향해 나아가는 나는 멋진 ESG 체인지메이커다.

09

마음 성장 리더십: 내가 만들어 가는 세상

조 순

주요 경력

- ㈜한국강사교육진흥원 교육위원
- ㈜마음의 숲 인성리더십 전문강사
- ㈜CnG교육코칭센터 전문강사
- 사)한국코치협회 인증자격KPC
- (전)원주소방서 흥업여성의용소방대장

명강사 시크릿 / 01 마음이 성장하고 변화하는 삶으로

두려움이 없는 40대를 넘어서 매력적인 50대의 끝자락을 살아내고 있는 나 자신을 발견하면서 이른 아침 새벽을 열어가는 시간이 지나가는 중이다. 정체성을 찾아 떠난 여행은 내 인생의 가치를 끊임없이 쏟아내는 기억 속으로 나침반의 바늘을 돌렸다. 그렇게 시작된 후반전 인생은 따뜻한 사회, 공동체 속에 일원이 되어 내 인생 최고로 남과 더불어 사는, 내가 만들어 가는 세상이 되었다.

국민의 안전과 생명, 재산을 지켜주고 소방관을 돕는 재난 현장에서, 화재로부터의 예방을 위한 안전과 응급처치 교육, 사회의 취약계층을 돕고, 독거 어르신들 반찬 봉사와 김장 나눔 봉사활동, 목욕 봉사 등으로 가치관을 가득 채워 나가게 된 여성의용소방대(소방 조직의 하나로 민간인으로 구성된 봉사단체) 활동 그렇게 시작된 나의 후반전에 인생의 배움을 선택한 삶, 전문 지식을 채워 나가기로 다짐하면서 늦깎이 대학 공부와 특별하게 시작했던 초등학교 방과 후 강사, 어쩌면 내 인생의 전환점을 맞았다.

나를 멋지게 일으켜 세우는 마음 근력의 힘이 필요했는지 모른다. 내가 가장 잘하고 좋아하는 것이 무엇인지 강점을 생산하는 시간으로 내 인생의 하나씩 지도를 그려 넣는다. 내 삶 속에 단 1g이라도 긍정적인 변화가 찾아온다면 나는 변화할 수 있다는 자신감으로 나를 세상에 던졌다. 그렇게 평생 학습자의 길에 들어서면서 한 사람을 변화시키고 성장시켜 왔다. 내가 죽어서 어떤 사람으로 기억되면 좋을까? 나에게 질문을 던졌다. 한평생을 살아가다 보면 무엇인가는 남기고 가야 할 것이 있지 않을까? 그것은 바로 이름이다. 그래서 난 최선을 다하는 삶으로 공부라는 선택의 단어 앞에 나눔을 실천하는 일상과 감사가 넘치는 사람, 누구나 가진 잠재적 능력을 일깨워 주는 드림 워커로 출발해 마음 성장 리더십 코치, 강사로 인생의 멋진 놀이터를 만들어 내는 중이다. 물론 비전이라는 공간에 나를 가득 채워 나가는 삶으로 진행형이다.

 ## 인생은 선택이 아니라 책임지는 태도다

평범한 사람들이 가진 내면의 거인을 깨우고 싶은 사람, 내 삶에 긍정적 변화는 내 인생 최고의 감사를 배우고 실천할 수 있게 되었다.

우리의 삶은 같은 일상이라도 어떻게 받아들여 행동하는가에 따라 엄청난 차이를 만들어 낸다. 자신의 가진 행복도 불행으로 만들고 싶은 사람은 없다. 늦깎이로 출발한 인생의 긴 여행은 "피할 수 없으면 즐겨라."라는 말로 하루에도 수없이 많은 되새김질을 해가며 고민하고 망설이면서 더욱더 나를 채찍질로 매일매일을 즐겨왔다. 왜냐하면 내 삶의 원동력은 악착같이 꿋꿋하게 살아온 자신을 신뢰하고 책임감이라는 나의 강점이 발휘되는 긍정의 힘이다. 하지만 내가 선택한 강사라는 삶은 그리 녹녹치 않았다. 열정만 있다고 사명 의식만 가진다고 되는가? 나에게 주어지는 무게감으로 엄청난 에너지를 소비하고 교학상장의 길에서 수없이 헤맬 때마다 번번이 후회했다. 이 고단한 길을 누가 하라고 했는지, 스스로가 선택한 길에서 역량을 갖추기란 절대 쉽지 않았다.

지방에서 서울로 서울에서 다시 지방으로 다양한 기관을 찾아다니며 자격증을 취득하는 지식 소비자의 길에 서 있었다. 물론 지금은 8할은 지식을 생산하는 자로 살고 있지만 7년 전만 해도 나의 업으로 삼기에는 아직은 미성숙한 존재라는 생각에 강사가 될 것인가 말 것인가에 대한 답은 잠시 접어두기로 하였다. 그러던 어느 날 인터넷을 검색하다가 고려대 평생교육 학습센터에 명강사 과정이 있다는 것을 알게 되었고, 용기를 내어 상담했다. 그리고 고속버스를 타고는 서울로 가 면접을 보았다. 무슨 질문을 받고 대답을 어찌했는지 머리가 하얗다. 지금 생각해도 나에게는 엄청난 용기였다. 내가 명강사가 될 수 있을까? 내가 만들어 놓은 황제의 정원에 도달할 수 있을까?

그렇게 고민하던 시간! 하지만 난 결심한다. 직업이 무엇이든 누군가의 삶에 성장과 변화를 끌어낼 수 있는 멘토가 되어 준다면, 스쳐 지나가는 인연들이 하나하나 인간의 삶 속에 동기부여가 된다면, 내 삶은 멋진 인생 놀이터였다고 말할 수 있지 않을까? 인생의 중요한 가치 중 하나, 지속 가능성이다. 무엇이 되기 위해서는 무엇인가를 해야 한다. 살을 빼는 것도 누군가를 사귀는 것도 그리고 장사를 하는 것도 다 지속성이라는 힘이 있어야 한다. 7년간 학사와 석사 공부를 마치면서 "그 사람 참 괜찮은 사람이었지."라는 얘기가 나오면 꽤 보람 있는 삶을 산 게 아닌가? 사람 냄새 물씬 풍기는 그런 사람 말이다.

난 어릴 적에 부모님 곁을 떠나 너무도 낯선 곳(철원)에서 4년을 오빠와 함께 소년 시절을 보낸 적이 있다. 그때부터였는지는 잘 모르지만, 나의 성향을 보면 독립성과 성취동기가 매우 높다. 내 인생을 책임지는 삶의 책임감과 끈기가 남달랐다. 생각은 말이 되고 말은 행동이 되었고 행동은 습관이 되어 습관은 나의 끊임없는 신뢰로 나의 운명을 만들어 냈다.

나의 비전이 되어 준 강사의 역할! 강사는 단순히 지식을 전달하는 역할을 넘어 학습자의 멘토이며 조력자의 역할을 해야 하는데 스스로 동기부여가 되는 셀프리더십 강사다. 할 수 있어, 하면 된다. 무엇이든 열정과 사명 의식을 가지고 꾸준히 노력하다 보면 어느 순간 자신이 성장하고 있다는 것을 안다. 디스 위튼은 "세상을 밝게 하는 두 가지 방법이 있다. 하나는 불을 밝히는 초가 되는 것이고, 나머지 하나는 빛을 반사하는 거울이 되는 것이다"라고 이야기했다. 내 삶을 현실로 만들어 가는 사람, 세상을 밝게 하는 강사, 고객의 변화와 성장을 끌어내려는 강사인 나도 변하고 성장하는 데 게을리할 수 없다. 난 지금 이를 배우고 깨닫고 있다.

내가 이 일을 왜 하는가? 나는 무엇을 이루고 싶은가? 앞만 보고 달려오던 나의 삶에 잠시 제동을 걸고 시동을 끈다. 돌이켜보면 결혼을 하고 한 남자의 아내로, 두 아이의 엄마로 살아가는 시간으로 어느 날 문득 내 삶의 방향성에 대해 깊이 생각하던 순간 나의 정체성을 찾아 떠나는 또 하나 여행의 시작이 있었다. 정말 내가 원하는 삶을 살고는 있는 건지, 그저 아이들 양육과 한 남자의 아내로 사는 삶에 만족하고 있는지? 물론 그 삶이 의미가 없거나 괴롭기만 한 것은 아니었지만 진심 내가 살아가고자 하는 삶은 어떤 것인지 확신이 서지 않았다. 잘살아 가고 있는 건지도 잘 몰랐다고 하는 게 맞을 것이다. 그렇게 정신없이 아이들을 양육하며 가정이라는 울타리 안에서 다람쥐 쳇바퀴 돌 듯하던 생활이 어쩌면 삶의 권태기였는지도 몰랐다.

그래서 세상에 도전장을 내밀기로 용기를 내었는지도 모른다. 결혼하기 전 아주 짧은 사회생활의 경험이 전부였다. 앞으로 나에게 닥쳐올 시련과 고통의 순간들은 그땐 미처 몰랐다. 그저 내가 무엇을 좋아하고 어떤 삶을 살아내야만 하는지에 대한 고민과 무엇을 하고 싶은 것인지도 잘 몰랐으니까 말이다. 사람이 살아가는 세상 무수히 많은 사람과의 인연을 맺는다.

나에게 찾아온 인연. 그 귀한 인연은 원주소방서 의용소방대 봉사였다. 그렇게 세상을 바라보는 눈이 달라졌고, 나를 일으켜 세우는 삶을 변화시킬 영향력이 될 줄은 그때까지만 해도 몰랐다. 봉사단체의 조직 구성원들을 이끌어가는 리더로 성장하면서 내가 가진 재능, 잠재력, 강점을 스스로 찾은 것이다. 그 가치를 발견하면서 나는 결심했다. 어떤 삶으로 살아가야 하는지를 그리고 지인의 추천으로 이화여자대학교 명강사 과정에 등록하게 된다.

그곳에서 만난 인연들. 어떤 분은 대학교수요, 또 어떤 분은 명성이 자자한 작가요, 또 어떤 분은 유명한 탤런트, 어떤 분은 공군 예편에 계신 핵 전문가 박사님도 있었다. 또 어떤 분은 이미 멋진 강사로 활동하고 계셨고, 경찰 출신으로 명강사가 되신 분도 있었다. 나는 어마어마한 사람들과 함께 그곳에 있었다. 물론 내면은 약간 기죽어 있지만 내가 누구이던가, 그렇게 그곳에서 배움과 나눔으로 실천하는 선한 영향력의 명강사님들을 만났다. 시연 강의 첫 시간에 지금에 와서 생각하면 콩닥콩닥 두근거리는 가슴을 부여잡고 무대에 섰던 기억이 난다. 물론 지도 교수님의 칭찬과 인정의 피드백에 엄청난 용기를 얻었고 그 뒤로 난 무엇을 하든 자신감으로 충만했다. 그동안의 많은 배움이 헛된 수고는 아니었다. 하나씩 결실을 거두어 가는 시간으로 성장했다.

그곳에서 나는 보았다. 열정과 사명 의식을 가진 사람들의 얼굴에는 모두가 화사한 웃음을 띠며 살아가고 있음을, 생명력이 살아 움직이는 태동을 느꼈다.

정현종의 《방문객》에 의하면 "사람이 살아간다는 것은 실로 어마어마한 일이다. 그 사람의 과거와 현재와 그리고 그의 미래가 함께 오기 때문이다. 바로 한 사람의 일생이 오기 때문이다"라는 말이 있다. 나의 일생에도 꿈을 품게 되었고 내가 품은 꿈을 만들어 가는 세상의 드림 워커로 청소년들의 멘토가 되었고, 멘토는 또 다른 청중들의 성장과 변화를 끌어내는 마음 성장 코치 강사, 자신을 긍정적으로 발전시키고 타인에게도 긍정적인 영향을 주며 그 결과 성장하고 변화하는 능력의 셀프리더십이다.

명강사 시크릿 03 열정 강사의 강의 주제를 찾아 떠난 여행

리더십의 핵심은 리더 자신이 얼마나 성장하느냐 리더가 가진 가치가 구성원들에게 미치는 영향력이다. 강사로서의 '언행일치'하는 삶! 스티브 잡스나 알리바바의 마윈처럼 크게 성공한 삶은 아니지만, 나만의 가치관으로 세상의 모든 사람을 존경하고 매일의 삶에 감사하는 사람. 그런 책임감을 가진 사람이 나에게는 강사로서 성공한 사람이 아닐까 생각한다. 끊임없는 열정으로 공부를 게을리하지 않는 강사가 될 것이다.

제너럴 일렉트릭(GE)의 회장이었던 잭 웰치는 이렇게 말했다. "훌륭한 리더는 항상 한 방향에 집중한다. 목적지에 대한 확실한 비전이 있으면 그곳으로 가는 데 필요한 것이 무엇인지 이해하고 있다." 성공하는 리더는 공부하는 사람이다. 그리고 그 과정은 쉼 없는 자기 훈련과 인내로 이루어진다.

첫째, 셀프리더십 덧셈의 법칙 : 위대한 변화를 끌어내는 사람들, 알베르트 슈바이처, 마틴 루터 킹, 테레사 수녀, 데스몬드 투투 대주교. 이들은 노벨상을 받고자 행동한 것이 아니다. 모두 다른 사람들에게 미치는 긍정적인 영향에 더 큰 관심을 보이고 다른 사람들의 삶을 향상하고 더 큰 가치를 부여하기 위해 노력했을 뿐이다.

많은 사람과 함께 나눈 봉사, 삶의 가치에 가치를 더하는 개인의 성장을 돕는 리더였다. 그래서 모든 사람이 원하는 삶을 살 수 있도록 돕는 리더 "가치를 더하면 삶이 변한다." 위에 언급한 위대한 리더의 삶을 살지는 않지만 내가 이룬 봉사 13년간의 원주소방서 의용소방대원의 역할(2007. 7~2021. 12)이 지금의 나를 강사로 만들어 냈다.

한겨울 추위에 소방호스의 물이 얼어붙고, 검게 그은 얼굴에 컵라면으로 꽁꽁 얼어버린 온몸의 추위를 간신히 녹이고 치솟는 불길 속 화재 현장에서 사명감으로 임무를 수행하는 소방관들을 보았다. 또 마지막 생을 마치는 순간까지 가족도 형제도 없이 쓸쓸히 천국 환송으로 며칠이 지나서야 누군가 발견하고 사망신고를 해 가슴을 아프게 했던 독거노인들의 쓸쓸함을 보았다. 밥도 혼자 떠먹을 수도 없고 내 몸도 혼자 씻을 수 없는 사람들, 우리 대원들과 함께 목욕 봉사를 갈 때면 얼굴엔 환한 미소를 머금고 양팔로 껴안은 그들, 장애라는 이름을 가졌음에도 어찌나 환한 미소를 짓는지…. 내 손을 꼭 붙잡고는 가지 말라고 함께 있어서 행복하다고 했던 갈 거리 사랑촌의 가족들. 그렇게 목욕 봉사를 하고 나면 온몸이 흠뻑 젖어 땀으로 범벅이었지만 내 가슴은 얼마나 훈훈하고 따뜻했던가!

하루하루의 보람을 찾았던 나의 봉사활동은 내 삶을 스스로 성장할 수 있도록 도움을 주었다. 이른 새벽 떠지지 않던 눈을 비비고 시작한 대학원 공부. 때로는 힘들고 고단한 시간을 이겨내며 "나는 할 수 있다. 할 수 있어." 날마다 뜨겁게 응원하던 나. 스스로의 인정과 칭찬 그리고 격려로 나의 삶을 성장시켜왔다. 그 결과 성장하고 변화하는 성과를 얻었다. 이만하면 나의 셀프리더십 덧셈의 법칙이 아닌가?

둘째, 감사 리더십 곱셈의 법칙 : 덧셈의 지도자가 되기 위해 매일같이 자신의 안전지대에서 벗어나 구성원들에게 가치를 더하는 방법이 무엇일까를 고민했다. 봉사하면서 누군가를 돕고 나의 손길로 따뜻함을 나눌 수 있게 되면서 쓸모 있는 한 인간으로 성장할 수 있었다. 그런 깨달음을 얻으면서부터 그렇게 나의 삶에 찾아온 실천하는 삶, 감사 경영 리더십 2018년 8월 13일의 첫 시작이었다. 내 인생의 감사 쓰기는 그렇게 시작되었다. "내가 행복하면 가정이 행복하고, 가정이 행복하면 일터가 행복하고, 일터가 행복하면 사회가 행복하고, 사회가 행복하면 내가 행복하다"라는 단순한 이치를 난 왜 미처 깨닫지 못했을까?

손욱 회장님의 보다 세상을 나은 곳으로 만들고 싶은 '행복 나눔 125운동' 강좌를 새벽 첫차를 타고 서울로 오가며 들었다. '1주일에 한 번은 착한 일을 한다.', '한 달에 2권의 좋은 책을 읽는다.', '하루에 5개의 감사 일기를 쓴다.'의 내용이다. 그래서 125다. 막차를 놓칠세라 전철을 타고, 마지막 고속버스를 놓칠세라 뛰고 또 뛰었던 시간. '교육은 지식이 아니라 행동이다'라는 말로 수없이 되새기며, 감사 경영 리더십 강좌는 또 한 번 내 인생에 전환점을 주는 동기 부여가 되었다. 1일 5 감사를 쓰면서 일상의 행복에 감사를 실천할 수 있었고, 세상에서 가장 소중한 사람에게 쓰는 100 감사를 써 내려가는 시간은 눈물이 멈추지 않았다. 가슴이 뜨거워 부여잡지도 못했다. 너무도 미안한 사람, 그리고 말로는 다 표현할 수 없는 사랑하는 내 가족들에게 그동안 내가 무슨 짓을 한 거야? 나만 힘들다고 아우성 치며 상처를 남긴 시간, 어찌 다 말로 할 수 있으리오!

인생을 살다 보면 후회하는 일들이 생겨난다. 잘못을 깨닫고 나서야 배운다. 그땐 내가 왜 그랬는지…. 그리고 인생의 성장과 변화로 교훈을 얻게 된다. 난 지금도 블로그에 1일 5 감사로 나의 삶을 실천하고 있다. 내 인생의 감사 리더십은 어쩌면 곱셈 그 이상의 법칙이다. 그렇게 나의 삶을 감사 경영으로 나의 강의 콘텐츠인 '행복나눔 125 운동' 감사 성장 나눔을 실천하고 있다.

셋째, 인성 리더십 관계의 법칙 : 인성(人性), 사전에는 이렇게 쓰여 있다. '인성 : 사전적 의미는 인간의 성질이며, 인간을 인간답게 하는 인간의 본질 본성을 의미하는 단어.'

뜨거운 마음으로 시작했던 교정기관 인성 리더십 강의 봉사활동을 한 지 벌써 5년의 세월이 흘렀다. 인간은 모두 전인적인 온전한 존재다. 교정기관에 인성 리더십 교육을 하러 갈 때면 마음이 설렌다. 내가 하는 강의를 통해서 그들의 마음에 조금이라도 따뜻함이 전달되어면 훗날 사회에 나와 그들의 삶에 성장과 변화가 있다면 성공이라고 생각한다. 물론 각각의 상황과 다채로운 삶의 현장에서 그들의 마음을 다 알 수는 없다. 하지만 난 믿는다. 인간은 모두 온전하고 소중한 존재이기에 그들 또한 누군가에게는 소중한 가족이고 소중한 형제자매요, 부모라는 것을. 언제부터인가 대한민국에서는 인성 문제가 뉴스를 통해서 전파를 타고 있다.

내가 태어나던 시절에는 형제자매가 한 집에 보통 5명, 6명 심지어 10명까지도 있었다. 그러다 보니 가정에서부터 이미 공동체라는 사회성을 익히고 배웠다. 그런데 21세기를 살아가는 지금 시대에는 한집에 자녀가 한 명, 많아야 두 명 그러다 보니 모두 너무 귀한 존재다.

그래서일까 가정에서 못다한 인간의 본성과 본질 교육은 학교뿐만 아니라, 기관, 공기업, 사회공동체, 나라를 지키는 군대에서까지 요구되는 현실이 되었다. 학생은 공부만 잘하면 되는 게 아니다. 실력만 쌓는 시대는 지나갔다. 실력과 인간이 지닌 품성도 갖추어야 하는 시대다. 시대가 변하고 세대가 달라지다 보니 기업이나 공공기관의 인재채용 기준 또한 달라지고 변화하고 있음을 알 수 있다. 그래서 인성을 갖추기 위해 사회적·정서적·윤리적·도덕적 가치관을 명확하게 해야한다.

넷째, 코칭 리더십 신뢰의 법칙: 필자는 세상에 자발적으로 이바지하고 싶은 사람이다. 물론 그동안 봉사라는 이름으로 기여는 조금 했다. 그런데 지금은 신뢰와 리더십이 요구되는 시대이다. 신뢰를 쌓기 위한 나의 능력, 관계, 그리고 성품을 보여줘야 한다는 생각에 리더십과 코칭을 전공해 보기로 했다. 그래서 입학한 국민대학교 경영대학원.

인본주의 심리학과 긍정심리학의 관점에서 바라본 코치는 어느 정도 부정적인 특징이 있더라도 자신의 강점을 발견하고 발휘하게 함으로써 더 높은 단계에 이르게 하는 사람이다. 로버트 캐플런의 《나와 마주 서는 용기》에서는 잠재력에 도달하기 위해서는 다음의 5가지, ① 자신의 가치와 신념을 지녀라. ② 타인의 시선이 아닌 내 삶으로 살아라. ③ 자신을 현실적으로 평가하라. ④ 현실을 직시하되 때로 타협하라. 마지막으로 항상 배우라고 조언한다.

클리프턴 스트렝스의 갤럽 강점 진단 도구에 진단 결과를 보면 34개의 강점 중 나에 대한 상위 5위는 실행력과 영향력에서 나타난 배움, 체계화, 화합, 최상화, 개별화다.

리더의 좋은 성품은 구성원과 조직의 미래에 대한 희망이요, 신뢰다. 무엇보다 실천적 배움을 게을리하지 않는다. 재능만 있다고 다 갖춘 건 아니다. 내면의 나를 인식할 수 있고, 내가 가진 재능을 강점으로 성장하고 변화하는 코칭 리더십 신뢰를 갖춘 리더로 성장하기 위해서 끊임없는 자기 계발에 힘쓰라. ① 윤리적 실행, ② 코칭 마인드셋 체화, ③ 합의를 맺고 유지하기, ④ 신뢰와 안전감 쌓기, ⑤ 프레젠스 유지, ⑥ 적극적 경청, ⑦ 인식 일깨우기, ⑧ 고객의 성장 촉진을 돕는 코칭의 8가지 핵심역량은 코칭 리더십 신뢰 법칙의 성립이다.

존 맥스웰은 《리더십 불변의 법칙》에서 "성품이 신뢰를 낳고 신뢰는 지도력을 낳는다. 그것이 신뢰의 법칙이다."라고 했다.

 ## 청중의 관심을 유지하는 핵심 요소

동기부여 : 나를 일으켜 세우는 마음 근력의 힘.

우리는 살면서 모두 인정받기를 원한다. 그리고 인정과 지지, 격려받는 원하는 삶을 원한다. 하지만 생각을 바꾸면 행동이 바뀌고, 행동이 바뀌면 한 사람의 운명도 바뀐다.

'I can do it' 나는 나를 책임을 지고 있어, 나는 알아, 내가 변하기 위해 무언가를 할 수 있다는 걸! 성공을 위한 자기 삶의 긍정 확언! 기회를 찾기 위해 여행을 시작했다. 내가 하고 싶은 것을 찾고, 내가 잘하는 것을 찾아가는 여행. 그렇게 나만의 인생 지도를 그려보고 한 단계 성장하기 위한 삶이 배움이다. 그리고 멋진 무대 위에 나를 세운다. 내가 가진 잠재력을 지금부터 끌어내기 위함이다.

스스로 리더로서 갖추어야 할 역량 : 전문성, 도전정신, 창의성, 문제해결 능력, 사회적 관계, 자기 주도, 자기조절, 시간 관리 등. 나의 비전과 인간 내부의 기본적인 자율성을 강조한 다양한 구성원들로부터 존경과 신뢰를 지키기 위함이다.

카르페 디엠(오늘을 즐겨라), 마음의 문을 열기만 하면 모든 성공과 실패는 좋은 정보와 지혜가 된다고 했다. 나의 회복 탄력성과 긍정적 사고는 관점을 바꾸는 한 사람의 인생과 운명을 성장시키고 변화하는 의식을 갖추었고 나의 운명을 즐기며 매일 살아내고 있다.

많은 사람은 질문을 던진다, 인생의 나침반을 향해, 우리는 자기 신념을 확실히 전달할 줄 아는 리더조직에 끌린다. 무대에 선 사람이 자신을 특별한 사람으로 느끼게 해주며, 안정감을 주어 혼자가 아니라고 생각하게 만드는 능력이 있다면 아마 특별한 영감을 불어넣어 줄 것이라고 믿는다. 기술적인 능력만으로는 좋은 지도자가 될 수 없다. 좋은 성품은 필수적이다. 구성원들을 변화시키는 데 리더가 가장 먼저 개발해야 할 덕목이 성품이다. 자신의 성품에 진실성, 성실, 정직, 책임감 등 자신의 핵심 가치를 만들어라. 그리고 '본인의 행동에 대한 생각을 해보라.' '자신의 가치관과 다르게 행동한 일은 무엇인가?' 자신의 기록을 살펴보면서 태도와 행동을 보면서 개선해야 할 것들은 무엇인지 자기관리를 통한 자기를 조절하는 능력을 향상한다.

사고의 유연성, 진리는 변하지 않는 것, 회복 탄력성이 높으면 자기 지향성이 높고 감성을 높이는 뇌의 다양한 영역을 활성화하는 인지능력의 향상된 결과를 나타낸다.

비전 세우기: 꿈이 있다면 계획이 필요하다.
사명이 목적을 제공한다는 것- 왜(Why)라는 질문에 대한 답, 나

의 사명은 무엇일까? 나의 사명은 인생이라는 여행의 든든한 가이드
다. 진정 내가 원하는 것과 내가 어디로 항해할지를 알린다. 성공을 위
한 긍정 확언, 따뜻한 마음으로 성장하는 내가 만들어 가는 세상에 나
의 분명한 비전과 연결된 잠재적 탁월성을 끌어내는 좋은 원료가 되
는 씨앗이 되고 싶은 나의 사명에 존중과 감사로 신뢰를 다짐한다.

　비전이 목표를 제공한다는 것- 무엇(What)이라는 질문에 대한 답, 비
전은 잠재적 능력을 깨우는 비밀의 열쇠다. 나를 가장 나답게 건강하
게 만들어 주는 목표, 진심으로 다가가는 강의, 강의하면서 매번 느끼
는 거지만 진정성은 가장 중요한 요소다. 내 삶의 스스로 성장시키고
타인에게도 긍정적인 영향을 주는 셀프리더십. 단 한 사람이라도 동기
부여를 받고 본인의 삶에 어떤 영향력이 전달되었다면 무한 감사하는
마음이다.

　전략이 계획을 제공한다는 것- 어떻게(How)라는 질문에 대한 답, 우
리의 하루는 계획대로만 흘러가지는 않는다. 전략과 계획 사이에는 간
극이 있다. 나의 실행에는 현 상태를 파악하는 것이 무엇보다 중요하
다. 먼바다를 항해할 때 나침반을 보지 않고 간다면 길을 잃게 된다.
자신이 하는 일이 무엇을 위한 일인지, 왜 이 일을 하는지, 내가 이루
고자 하는 목표는 명확한지에 대한 메타인지가 중요하다. 그래야 성과
를 낼 수 있다. 또한 GAP을 줄여갈 수 있다. 이 시대의 트랜드를 알
고 매체와 기술이 급변하는 시대 전략을 세우기보다는 실행력을 갖는

것이다.

강사의 브랜드가치: 청중과 함께 미쳐라, 그리고 창조하라

리더의 모습이 구성원의 미래를 결정한다. 리더가 줄 수 있는 최고의 선물은 모범이 되는 것이다. 솔선수범, 도덕성, 해당 분야의 전문성, 공정성, 전체적인 지식과 능력, 인정과 격려, 구성원들이 바라보는 가치관과 행동이 일치하기를 원한다. 구성원들은 자신들을 맨 앞에서 이끌어주는 모범이 되기를 원한다. 리더십은 가르치는 것이 아니라 "배우는 것이다." 그렇다면 리더십을 어떻게 배울까? 뛰어난 리더가 어떻게 행동하는지를 지켜보면서 배울 수 있다.

피드백 받기: 완성도 높은 작품을 만들어라.

청중의 긍정과 부정적인 면의 균형을 잃지 않도록 전달되었는지에 대한 소통이다. 리더의 명확하고 이해 가능한 언어의 전달이 있었는지를 주의 깊게 살피고 구성원들의 동기 부여가 만족도를 높일 수 있었는지를 확인한다.

개인의 가치와 존재를 인정하고 격려하며 자신이 전달하고자 하는 메시지를 정확히 전달하지 못한다면 리더인 강사는 성장할 수 없음을 명시한다. 자신이 자주 표현하는 언어들을 생각하고 구성원들의 공감 능력을 향상하도록 돕는 강의력, 기획력, 소통 능력을 구성하는 언제나 주위의 언어정보에 민감하게 반응하고, 정보를 자신의 것으로 활용할 수 있는 노력을 기울인다. 언제나 새로운 '다른 표현은 없을까?' '생각하고 구성원들의 정확한 웹사이트를 만들어 강의자료, 수강, 후기, 블로그를 공유한다.

 **나만의 강점을 찾는 브랜딩 전략**

강의하면서 나에게는 또 다른 목표가 생겼다. 기업교육 전문 강사라는 타이틀을 갖는 것이다. 작은 이력서 한 장에 적힌 나의 강점 중 가장 으뜸은 배움이었다. 강사로서의 역량이 성장할 수만 있다면 어디든지 밤낮을 가리지 않고 다양한 자격 과정들을 공부했다. 왜냐하면 강의를 시작한 초창기에는 나만의 핵심 분야를 찾아야 했기에 여러 가지 공부를 해낸 흔적들이다. 이제는 나의 핵심역량을 파악한 후 가장 많이 강의하는 분야는 인성 리더십, 감사 리더십, 셀프리더십이다. 물론 아웃사이더로 강의 분야도 확대가 필요하기에 진로·취업 설계, 독서 코칭, 한국코치협회의 인증 자격 코치 활동도 확대하고 있다.

누군가가 말하는 스타강사는 아니다. 공공기관에서 기업으로의 현장을 누비며 기업교육 전문강사라는 타이틀을 갖기 위해 더 많은 시간과 노력을 투자하는 완성도가 있는 강사가 되기 위한 처절한 몸부림은 현재도 진행형이다. 나는 머리가 좋은 것도 아니다. 처음부터 재능이 있었던 건 더더욱 아니다. 한참이나 늦게 교육 현장에 뛰어들어 남들보다 두 배, 세 배 이상의 노력으로 지금까지 달려왔다. 강의 현장에는 젊고 풋풋하고, 멋진 외모와 발 빠른 IT 능력을 가진 사람이 많아 내가 따라가기란 쉽지 않다. 나는 나만의 전략과 계획으로 내가 할 수 있는 분야에 집중한다. 지금도 날 필요로 한다면 좋은 교육이 있다면 언제든지 달려간다. 멘토를 찾아 참여할 커뮤니티를 찾아서….

그중에 한 분 한국강사교육진흥원 김순복 원장님 또한 나의 멘토로 모시고 있다. 어떻게 그리 많은 콘텐츠를 개발하고 기획하는지 그저 존경이라는 단어가 함성을 지르게 하는 분이다. 그래서 나도 시작했다. 나만의 강점이 주는 브랜드의 가치를 올려보기로.

첫째, 나는 어떤 것에 흥미가 있는가? 사람들은 일하면서 가장 즐거웠던 때를 기억해 보면 다른 사람에게 도움이 될 때라고 대답했다. 나도 그랬다. 누군가를 위한 봉사를 할 때 그랬고 청소년들의 멘토 역할을 할 때도 그랬다. 어느 날 한 통의 전화벨이 울렸다.

"선생님! 저 민혁입니다. 선생님, 기억나시죠? 저 벌써 중학교 3학년이고요. 고입 준비하고 있어요."

"그렇구나! 민혁아 대견하다."

"그런데 선생님 저 얼굴 좀 보여주시면 안 돼요?"

"그럼 당연하지!"

"맛있는 거도 사주세요."

너무 반가웠고 행복한 순간, 학교 방과 후 강사로 활동하던 시절 제자였다. 나를 기억하고 전화를 한 것이다. 초등학교에 다니던 민혁이는 아주 수줍음 많고 발표 시간만 되면 손이 부끄러워 머릿속으로는 알면서도 입 밖으로 소리를 내는 것에 대한 두려움이 많았던 친구다. 방과 후 활동으로 자신감을 주는 말하기 수업은, 말하기 쓰기 읽기를 하는 방과 후 수업에 참여했던 학생이다. 그리고 방과 후 스피치 수업 덕분에 전국 어린이 웅변대회에도 참가할 자격이 주어지는데, 민혁이는 처음으로 참여한 웅변대회에서 금상을 탔다. 그러면서 민혁이의 자존감은 회복되었고 학교 수업 시간에도 손을 번쩍번쩍 들고는 발표했었다.

1주일 후 반곡동 돈가스집에서 만나기로 약속했다. 가슴이 콩닥콩닥 뛰었다. 민혁이 얼굴이 어떻게 변했을까 기대 반 설렘 반으로 난 민혁이와의 하루의 데이트를 즐기며 진로를 걱정하는 제자를 인정과 칭찬으로 함께 하면서 민혁이의 환한 얼굴에 미소를 보았다. 대한민국의 밝은 미래를 보았다. 꿈이 있는 민혁이를 응원했다. 그리고 지금까지도 난 민혁이와 가끔 전화로 이야기를 나눈다. 이제는 어엿한 대학생에서 사회인이 된 민혁이의 멋진 청년을 꿈과 진취적 가치관으로 삶의 성장을 돕는 코치다. 아마도 나는 누군가에게 성장과 변화를 위한 삶으로 진취적 가치관의 동기부여가 될 때 강사로서 연구하고 교육에 충실하며 청중과 소통한다.

둘째, 남들보다 내가 더 나은 것은 무엇인가? 시간을 잘 관리한다는 것은 다른 사람들과의 차별화되는 경쟁력이다. 나는 교육을 하러 갈 때면 교육장에 너무 일찍 도착해 교육 담당자들이 부담스러워서 할 것을 알기에 차 안에 있다가 30분 전에 교육장으로 간다. 실제 장소에 1시간 전에 무조건 도착을 원칙으로 세웠다. 이는 내가 시간이 많아서가 아니다. 오히려 나는 이 시간을 효율적으로 이용한다. 강사라는 직업이 겉으로 보기에는 화려하지만, 강연 1타임을 하기 위해서는 미리 준비할 것이 참 많다. 그 준비는 공부와 늘 병행한다.

강의 하나하나에 많은 공부와 노력 연습을 해야 한다. 토요일, 일요일, 따로 없다. 하루하루가 월화수목금금금이다. 자기 안에 열정이 없다면 할 수 없다, 이일이 좋아서 하는 것 아니고는 절대 해낼 수 없는 직업 중의 하나다. 가정의 아내, 부모 역할, 공부하는 학생, 등의 다양한 역할은 상상을 초월할 만큼의 일들이 많다. 시간을 쪼개어 쓰고 일의 우선순위를 정하지 않으면 잘 해낼 수 없다. 많은 대중 앞에 내가 당당하게 성장하고 변화하는 성공한 삶을 보이기 위해서는 그 어떤 시간도 소중하지 않은 것이 없다. 그래서 나는 될 수 있는 대로 시간을 두 배로 사용하고 아껴 쓰려고 노력한다. 돈을 어디에 썼는지 가계부는 적지 않아도 시간에 관리 일정은 꼭 점검하고 관리한다. 시간 관리는 돈이고 재산이다. 누구에게나 주어지는 시간 사람들은 말로만 시간이 소중하다고 하지만, 시간은 크로노스의 양적인 의미와 질적인 개념의 카이로스라는 개념이 있다.

여러분에게 두 시간이 주어진다면 무엇을 할 것인가? 다음과 같은 질문을 던진다.

"내가 개발하고 싶은 습관은 무엇인가?"

"나만의 시간에 하고 싶은 일은 무엇인가?"

"지금 나에게 필요한 배움은 무엇인가?"

"나에게는 어떤 정보, 지식, 기술이 필요한가?"

"지금 내가 가지고 있는 자원은 무엇인가?"

이 질문에 대한 답을 1년 동안 지속해서 실천하면 본인의 삶이 조금 더 아름다워질 것이다.

셋째, 나의 고객이 나에게 듣고 싶은 이야기는? 7년 전 시작된 나의 감사 쓰기는 늘 나에게 감사로 하루를 마무리할 수 있도록 해 주었다. 작금의 나를 뒤돌아보면 감히 내가 어찌 많은 사람이 있는 나만의 무대 위에 도전과 열정, 그리고 배움이라는 자격으로 조금씩 조금씩 사람을 알아가는 시간으로 내가 좋아하는 것을 찾아 내가 잘할 수 있도록 한 것이다.

나만의 정체성에 물음표를 달고 스스로 자문자답하며 내 삶에 내 인생에 정답을 찾으려고 했던 시간, 인생에 정답이 어디 있던가? 누군가의 시선을 따라 시작되었던 나만의 행복이라는 단어를 절실하게도 갈망했었다. 언제나 주위를 둘러보면 보이는 세 잎 클로버를 두고도 쪼그리고 앉아 네 잎 클로버를 찾기 위해 눈을 비비는 어리석음을 후

회했다.

　하루를 감사로 시작한다. 건강하게 잠자리에서 일어나게 해주니 감사하다. 내 가족이 있고, 나를 사랑해 주는 사람이 있으니 감사하다. 순간순간 모든 게 감사뿐인데 말이다. 책 속에는 진리가 있다는 말처럼 나의 삶 속에는 감사가 있다. 이만하면 나는 행복한 삶이지 않은가? 물론 지금도 비전을 세우고 목표 달성을 위한 계획들이 끊임없이 실행 되고 있다.

　내가 매일 1cm씩 성장해 가는 것에 감사하고 의미를 부여한다. 하루를 감사로 내일을 생각하고 변화시킬 힘 그것이 바로 나의 성장과 변화를 이루게 하는 감사 쓰기다. 사소한 어떤 경험도 배움이고, 여행과 책, 끊임없는 나의 일과들이 나의 결과물로 기록된다. 매일 똑같은 일상도 꼼꼼하게 들여다보고 생각하는 시간 그러다 보면 다른 부분이 보인다.

　그런 일상을 통해 자신의 삶을 매일 리마인드 해보자. 많은 발전이 있을 것이다. 역사는 만들어 가는 사람이 있어야 존재한다. 자신의 삶을 위한 역사를 만들기 위해 성장하고 변화하는 삶을 기록하고 감사한다.

매일 1cm씩 더 성장하는 명강사 시크릿

늘 주위의 사물을 관찰하라. 사람은 자기가 관심 있는 것만 알고 있다. 본인의 집 근처에 구두 수선집이 있는가? 세탁소가 있는가? 인쇄하고 명함을 제작하는 곳이 있는가? 가끔은 버스를 타며, 그냥 흘려보내는 주위의 간판들도 유심히 보고 관찰하여 기록해 보자. 어느 순간 근육이 붙어 예리하고 날카로운 눈이 생길 것이다.

사람을 알아가고 사람을 얻는 사회라는 공동체 속으로 선뜻 행하지 못했던 선한 행동들을 한 누군가의 이야기에 사람들은 환호한다 공감하고 눈물을 흘린다. 이 세상은 결국 모두 우리와 같은 사람이 사는 세상이다. 그 사람을 알아야 세상을 얻을 수 있듯이, 또 새로운 사람을 만나는 것도 중요하지만, 현재 내가 알고 있는 관계들을 잘 지속하고 유지하는 것도 새로운 인맥을 만드는 것 못지않게 중요하다. 그러기 위해서는 현재 내 곁에 있는 사람들을 둘러보아라. 바로 사람이 답이다. 평범한 사람이 특별한 사람이 되는 순간 세상은 달라진다. 성장하고 변화하는 삶의 주인공 마음 성장 의식성장 동반 성장하는 코치, 강사 그녀다.

10

99도에서 1도를 더 채워라

최미경

주요 경력

- 미라클시니어힐링연구소 대표
- (사)한국디지털치료레크리에이션협회 수석연구원
- (주)한국강사교육진흥원 정회원
- (사)대한노인회 세종시 웃음치료강사
- 세종장애인복지관/치매안심센터(웃음.레크레이션
- 강사)외 다수

명강사 시크릿 01 삶의 위기는 곧 기회다

대기업을 다니다 결혼하고 아이를 낳고 그렇게 평범한 나로 살고 있을 때 IMF를 만났다. 아이를 어머니께 맡기고 입사한 곳이 인터넷 쇼핑몰을 막 시작하는 회사였다. 사장님과 처남 여직원인 나 3명이었던 회사는 5년이 지나 직원이 30명이 넘는 회사로 성장해 있었고, 나는 온라인 사업부를 총괄하는 팀장이 되었다.

IMF 때 여러 사람과 동업하게 된 남편의 회사는 부도를 맞고 신용 불량자가 되었다. 참 힘든 시기에 온라인 전자 상거래를 위해 통신판매 사업자 등록하고 인터넷 쇼핑몰을 오픈하고 옥션, G마켓, 인터파크, 11번가, CJ 몰, 롯데아이몰 입점하여 26년간 먹고살기 위해 앞만 보고 달렸다.

친정엄마의 사랑, 믿음, 응원, 온화한 미소를 지금도 잊을 수 없다.
"막내야 웃어서 버리는 거야, 답답한 거, 힘든 거, 속상한 거, 속에 가두면 안 돼."
"더 행복 하려고 찾아온 위기^(전화위복)야."
"막내는 할 수 있어, 잘 해낼 수 있어."

가 보자 GO, 달려 보자 GO, 눈앞이 캄캄하고 가슴이 답답해도 이

대로 포기할 수 없잖아! 한번 해보자 GO, 노랫말 가사처럼 난 다시 도
전을 시작했다.

26년 매일 전쟁터에 나가 싸우고, 살아 돌아와 다시 전쟁터로 나가
는 삶을 살았다. 경제적으로 안정을 찾았고 친정 시댁 형제들에게 도
움을 드릴 수 있게 되었지만 젓가락을 들지 못해 어깨 수술을 받았고
건강 또한 나빠져 갔다. 오랫동안 함께한 직원에게 일을 맡기고 있을
때, 또 코로나 19 팬데믹을 맞게 되었다. 결국 폐업을 결정하고 세종
시로 이사를 했다.

 **행동하는 자에게 기회는 온다**

밀려오는 생각의 잡동사니를 비우기 위해 집 근처 산속 숲길을 걸
었다. 숲에서 여러분들이 모여 마스크를 하고 운동을 하고 있었다. 노
인복지관에서 시니어 건강 체조를 함께 배웠었는데 코로나 19로 산에
서 하고 있다. 초고령 어르신은 89세, 제일 나이가 적은 어르신은 65
세, 마스크를 쓰고 구령을 붙이다 보니, 소리가 잘 들리지 않아, 나는
그날부터 구령을 붙이는 막내 회원이 되었다.

하나 둘 셋 넷, 둘 둘 셋 넷, 셋 둘 셋 넷, 넷 둘 셋 넷….
6개월 동안 산속에서 체조로 몸도 마음도 뇌도 건강해지고 있었다.

어느 날 세종 보건지소에서 연락이 왔다. 농한기 경로당에서 체조 교실을 운영하는데 강사로 활동해 달라고 했다. 산에서 하는 스트레칭, 근력 강화 체조를 하면 좋겠단다.

"제가 자격증이 없습니다. 준비해서 연락드리겠습니다."

26년 경력은 없다. 또 다른 도전을 위해 강사의 길을 선택한 계기가 되었다. 어르신 주간 보호센터를 운영하는 친구를 만나러 갔다. 친구는 센터를 확장하고 요양원 건물을 짓고 있다며, 우리나라도 장수 시대, 초고령사회 진입이 얼마 남지 않았다고 한다. 도움이 필요할 때 언제든 연락하라고 했다. 나는 다른 삶을 살아보기로 다짐하고 실버 통합 자격증 과정 문을 두드렸다. 체조, 레크리에이션, 웃음 힐링 지도사, 3종 자격증 교육 기간 중 나는 너무 신나고 행복했다. 과정이 끝나고 나는 나에게 말해 주었다.

'바로 이거야, 죽을 때까지 다시 하고 싶은 새로운 일이 생겼어.'

친구의 도움으로 대전에서 20년 활동하고 계시는 실버 통합 강사 심○○ 선생님을 만나고 수업하시는 것을 볼 수 있었다.

"어르신들 만나러 가는 길 설렘으로 행복하고, 수업을 마치고 집으로 돌아오는 길은 더 행복해서 꽃길을 달리는 기분이야." 이래서 20년을 하고 있다.

오늘부터 나는 최미경 강사다. 강사다운 강사가 되자. 머리부터 발

끝까지 다 바꿔 나가자. 그러기 위해 배워야 한다. 배워서 머릿속에 나의 입술을 통해, 몸짓을 통해, 나의 눈빛을 통해 소통하고 공감하는 강사가 되어 보자. 지금부터 또 살기 위한 전쟁터가 아니라 참 행복을 찾아가는 전쟁터에 나가는 자세로 임하자.

명강사 시크릿 03 나만의 강사 스타일 찾은 과정

'떨리는 강사, 설레는 강사'의 책 내용에 의하면, '베스트셀러 같은 名강사보다는 스테디셀러처럼 기초가 튼튼한 明강사 鳴강사 命강사가 돼라.'라는 말이 있으며, 강사 10계명이 나와 있다.

명강사 10계명

1. 유명한 강사보다는 사명감 있는 강사를 지향한다.
2. 강사료나 사람 수에 앞서 나를 필요로 하는 곳을 향한다.
3. 학습자를 사랑하고 존중한다.
4. 학습자와의 약속을 정확히 지킨다.
5. 언행이 일치되는 삶으로 강의한다.
6. 학습자를 위해 최상의 콘텐츠를 준비한다.
7. 효과적인 전달을 위해서라면 별짓을 다한다.
8. 학습자에게 삶의 행복을 일깨워 준다.
9. 학습자에게 잠재적 능력을 북돋운다.

10. 학습자의 꿈과 미래를 함께 키워 나간다.

이것은 '강사의 생각과 감정을 명확히 전달해 줄 수 있는 소통 기술을 지닌 明강사, 학습자들이 가슴을 울려 줄 수 있는 鳴강사, 공동체의 선을 위해 사명감을 가지고 기꺼이 나서 줄 수 있는 命강사'라는 뜻으로 적혀있다.

어떻게 하면 설렘이 생기고 재미가 있고 감동이 있는 강사가 될까? 늘 고민하자. 오랜 기간 사랑받고 활동하는 강사가 나의 큰 꿈이다. 나는 꿈의 보물 지도를 그리고, 꾸미고 완성하여 잘 보이는 곳에 걸어 놓는다. 그리고 바로 책을 샀다. 지금까지도 늘 차에 두고 보는 책들이다. 《떨리는 강사 설레는 강사》, 《유머가 통한다》, 《웃음 치료 혁명》, 《치매 예방 두뇌 트레이닝》…. 그리고 닮고 싶은 모델을 찾아가는 여행을 했다. 20년 선배 강사 수업 현장을 매일 가서 교육 내용을 한마디 한마디 메모하고 영상을 찍어와 시간이 날 때마다 보았다.

1개월이 지나고 친구가 운영하는 주간 보호센터에서 봉사를 시작했다. 월~목 일주일 4번 맞춤형 프로그램을 하고 있었는데, 국민보험공단에서 지원을 받는다고 했다. 다양한 강사의 프로그램 수업을 친구 도움으로 센터에서 청강할 수 있었다.

봉사 첫날, 어르신 50분이 나를 반갑게 맞아 주었다. 빨간색 반바

지, 모자를 쓰고 마이크를 장착하니 나도 모르게 자신감이 생겼다. 50
분 수업이 끝나고 어르신들께서 박수와 환호를 보내 주었다.

"강사님! 너무 재미있었어요. 오늘 너무 많이 웃었어요."

어르신 한 분은 나의 손을 잡고 "오늘 살아 있음을 느끼네요, 고마
워요, 언제 또 오나요?"

한 번의 봉사를 위해 매일 청강 가고 거울 앞에서 연습 삼매경에
빠져 살았다. 세종 신중년센터에서 치료 레크리에이션, 치매 돌봄 지
도사, 풍선 아트 지도사, 전래 놀이, 마술 동화 구연 지도자 등 여러
과정을 배우기 시작했다. 내가 성장해야 학습자의 삶의 질을 높여 행
복을 찾아 줄 수 있다.

나의 꿈, 잊지 않기 위해 블로그에 성장 일기를 썼다. 청강을 다니
며 배운 것, 봉사하며 나의 설렘 느낌을 블로그에 성장 일기처럼 쓰기
시작했다. 선배님들의 수업 중 특별히 기억에 남는 멘트, 반응이 좋았
던 순간들, 나의 수업 전 마음, 오늘 어떤 목적을 두고 수업할 것인지,
도입 본 수업 마무리 느낌 나누기 기록해 나갔다.

2개월이 지난 후 블로그를 보고 전화가 왔다. 블로그 글을 통해 강
사료를 받는 떨리는 강사 설레는 강사의 길을 가게 되었다. 주간 보호
센터와 요양원을 함께 운영하는 곳에서 웃음 힐링 첫 강의 날, 두근두
근 나의 심장이 잠을 자지 못하게 했다.

원색 반바지, 스마일 캐릭터 블라우스, 모자, 노란 양말을 신고 센터로 출근했다.

"어머니, 아버지, 까꿍, 까꿍"

몸에 배어 있는 막내의 습성, 백만 불짜리 미소 장착하고, 손을 마주치고, 눈으로 손으로 한 톤 높은 목소리로 인사를 했다.

침대에 누워 수업에 참여하는 어르신이 있었다, 중간중간 중얼거린다. 어르신들이 좋아하는 옛 노래로 스트레칭과 온몸 두드리기 건강 박수로 마음 문 활짝 열었다.

웃음의 3원칙을 설명하고 '크게 길게 온몸으로 웃는다.'를 설명하고 함께 웃고 있는데, 침대에 누워계신 어르신이 강사보다 더 큰 소리로 고함을 치신다.

"시끄러워 이년아, 그만해 이년아"

'이런 걸 멘붕이 온다고 하는 거구나.' 다음 내가 진행해야 하는 것이 생각나지 않았다. 얼굴이 붉어지고 손에 식은땀이 흘렀다. 눈앞이 캄캄해졌다. 하지만 오늘 준비한 수업은 다 해내야 한다는 생각만 했다.

"어머니, 아버지, 크게, 길게, 온몸으로 웃을 때 좋은 호르몬이 우리 몸으로 들어온대요. 건강해지고 싶으셔요, 더 건강해지고 싶으셔요."

"말해 뭐해 더 건강해져야지"

장군 웃음을 한 분 한 분 체험하게 하고 박장대소로 웃어보고, 옆 친구를 보며 웃는 모습에 또 웃는다. 갑자기 복지사가 어깨를 톡톡 친다.

"강사님 수업 시간이 50분 지났네요. 마무리 부탁해요."

"어르신 제가요, 26년간 컴퓨터랑만 놀다가 오늘이 강사 첫날이에요. 앞으로 성장하는 모습 지켜봐 주시고 격려해 주세요. 제가 또 와도 될까요?"

이 말이 끝나자마자 침대 누워 계신 어르신 또 고함을 치신다.

"재밌어 이년아, 잘했어. 이년아. 또~ 와"

웃음 박수 함성이 센터를 채운다.

양손에 가방을 들고나와 운전대를 잡고 내 두 볼에 흐르는 눈물과 대화를 했다. '잘했어, 해냈어. 멋지다.' 하늘나라 계신 엄마가 말씀해 주시는 것 같은 마음속 울림의 소리

일주일에 한 번 1시간, 나의 강사 1일이 이렇게 시작되었다. 어르신들이 나를 위해 열심히 응원해 주시고 있다는 걸 계절이 바뀌고 해가 바뀌면서 알게 되었다. 내가 센터의 문을 열고 들어갈 때마다 큰 환호와 박수, 수업 끝나면 더 큰 박수와 칭찬 보약을 주셨다. 초심 열심 진심 온심 나의 마음가짐을 점검할 때 지금도 나는 나의 블로그를 보며 다시 초심으로 다시 열심히 다시 진심으로 다시 온 힘으로 어르신들을 만나기 위해 노력하고 있다.

강사의 100일 잔치: 평생 잊지 못할 특강

강사 3개월이 지나고 있던 어느 날 전화가 왔다. 대전 ○○장애인 자립생활센터 활동 지원사 600여 명의 웃음 스트레스 강의를 해주실 수 있냐는 전화였다. 일단 해보자. 행복하려면 계속 배우고 계속 성장해야 한다. 기회가 왔을 때 도전해야 한다.

수업을 결정하고 그날부터 강의하는 날까지 정말 잠을 잘 자지 못했다. 앞이 캄캄했다. 그동안 휠체어 타고 침대에 누워계신 요양 등급을 받은 80세~108세 어르신들과 한 수업 3개월의 경력이 다였다. 나는 도전하는 걸 즐긴다. 들이대 수석을 졸업했다. 모르면 알 때까지, 궁금한 게 해소할 때까지 뭐든 열심히 한다. 한 달 후의 웃음 특강 수업을 준비하기 위해 교육센터 대표님께 전화를 드렸더니 서울로 올라와서 하루 교육을 받아라, 일주일에 한 번밖엔 수업이 없어서 나는 바로 서울로 올라갔다.

강의에서 가장 중요한 것이 오프닝이다. 학습자의 시선을 이끌고 마음을 사로잡을 수 있는 필살기를 준비해야 한다. 강의 시작 5분에서 10분이 중요하다. 강의 원고를 써라^(원고대로 연습한다). 어떠한 목적을 두고 어떤 의미를 전해줄 것인가 고민하라. 연습한 것을 녹음해서 들어보고 내가 청중이 돼서 점검해라. 거울 앞에서 연습하고 녹음하고 발음도 교정해 나갔다.

매일 작업복 입고 컴퓨터랑만 지낸 26년, 특강할 때 입을 옷이 운동복밖에 없었다. 옷장을 열어보니 다 검은색 일색이다. 회색, 청색, 검정 땡땡이 블라우스 정도가 가장 화려한 옷이다. 하나부터 열까지 특강 강사로서 준비해야 하는 것들이 너무 많았다. 지인 강사께 옷을 부탁드렸더니 두 벌을 빌려주신다. 두 벌로 6회를 번갈아 가며 입으라고 바지도 바꿔서 재킷도 바꿔서 따로 또 다르게 입었다.

장애인 활동 지원사 역량 강화 웃음 테라피 하는 날 새벽 5시부터 일어나 최종 리허설을 하고 자연 미인에서 색조 미인으로 입꼬리 올리며 미소를 장착한다. 30분 일찍 도착 기본 응급처치 생명을 살리는 심폐소생술 수업을 하고 계셨다.

담당 복지사님 미팅 후 쉬는 시간 10분을 활용 강의 준비를 했다. 특강 1회 수업 먼저 다가가 수업 전 인사를 드리고 활동 지원사 한 분의 이야기를 들었다. 20년 차인 선생님은 어릴 때 돌본 장애인 아이가 잘 자라 훌륭한 성인으로 성장하여 장애인 활동 지원사 직업을 통해 삶의 의미와 가치를 느끼며 살아가고 있다고 하셨다.

리허설을 해간 인사말에 훌륭하신 장애인 활동 지원사 분들을 모시고 수업하게 되어 오늘 정말 영광이다. 대단한 강사가 되었다. 이 마음 웃음으로 풀어가 보겠다고 이야기 했다. 1시간 동안 건강 박수 치고 노래 부르고 웃음 체험을 통해 웃음 에너지 가득 채울 수 있었다. 1

회~6회 학습자만 바뀌고 강사는 준비해 온 강의 내용을 그대로 풀어내면 된다. 하루 2회 오전 11시~12시 오후 2시~3시, 조금씩 자신감이 붙었고 또 학습자들과 소통하고 공감하며 수업을 할 수 있었다. 부부 활동 지원사 분을 모셔 서로에게 감사와 사랑 애정을 표현하는 레크리에이션을 통해 큰 웃음을 주었고, 마무리에 자기 자신을 돌아보고 토닥이며 칭찬하는 시간, 눈을 감고 "나를 보다 마음을 보다." 시간을 만들어 큰 울림을 줄 수 있었다. 학습자 몇 분은 어깨를 들썩이고 흐느끼는 소리가 들려왔다.

인사를 하고 함께 온 강사님과 정리를 하고 있는데 60대가 조금 넘으신 장애인 활동사님은 내 손을 잡으며 "아까 읽어주신 내용이 정말 감동이었다. 눈이 붉어지게 울었다."고 하신다. 한번 안아드리고 싶다고 말씀드리고 몇 분 동안 안아드리며 나는 힘내시라고 응원의 말씀을 드렸다. 서로 토닥토닥, 3개월짜리 강사에게 감동을 선물해 주셨다. 6회가 끝나고 나는 연장 웃음 테라피 특강을 할 수 있었다. 그다음 해도 꼭 최미경 강사여야 한다며 특강 의뢰를 요청받았다. 이 특강을 계기로 나는 블로그를 통해 다양한 기관의 특강 의뢰를 받게 되었다.

 **끊임없이 성장하려면 자원을 활용하라**

세종시에는 배움의 갈망을 해소 시켜줄 수 있는 많은 프로그램, 지

역 사회 자원이 풍부하다. 신중년센터, 일자리진흥원, 여성새로일하기 센터, 행봉복지분화센터….

세종신중년센터는 50-64세를 대상으로 다양한 프로그램을 통해 제 2의 아름다운 인생을 준비하고 도약할 수 있게 돕는 기관이다. 다양한 프로그램이 있고 선착순 접수, 교육비가 무료라 여러 수업을 받을 수 있었다. 치매 돌봄 지도사과정 16주 도전, 첫날 오리엔테이션 날 담당 주무관님을 통해, 함께한 학습자를 통해 우울증 약을 처방해서 먹고 있는 사람들이 주위에 너무 많다는 것을 알게 되었다. 내가 웃음치료 웃음테라피 웃음 치유 웃음이 주는 효과 삶의 어떤 영향을 주는지 더 깊숙이 공부하기 시작한 계기가 되었다. 치매와 우울증 관계가 깊다는 것을 알았다.

나의 26년 경력이 거래처 사장님들께 온라인 쇼핑몰을 개설해 드리고 직원들 교육을 의뢰받고 상품 등록부터 거래처, 고객 응대까지 전반적인 교육을 했다. 사드 문제로 중국과 거래가 중단되어 창고에 가득 쌓인 물건을 온라인으로 판매할 수 있게 도와드릴 수 있었던 것처럼 나도 브랜드를 가진 강사를 만나 봐야겠다는 생각이 들었다. 온라인 쇼핑몰을 운영할 때 제품이 어떻게 진열돼 있고 동일 상품 중 검색 순위를 매일 체크하던 습관이 있어 소비자들이 원하는 검색어를 소비자의 입장에서 생각하며, 제품을 등록 판매하여 그 많은 업체 중 베스트 협력사로 선정되기도 했었다.

인적자원 - 닮고 싶은 모델과 교류하다.

도서 《영혼을 위한 닭고기 스프》같은 닮고 싶은 선배 강사 그들의 재능이 내게 필요하다. 롤 모델 선배를 찾아 나섰다. 무엇인가 되려면 누군가를 따라 해야만 했다. 흉내 내지만 아류가 되지 않아야 한다. 비슷하지만 농도는 다르게 재창조를 해야 한다.

대전 웃음치료사 11년 차 안○○ 강사님! 블로그, 인스타, 유튜브 등 가장 좋았던 부분은 성당에서 학생들의 주일 선생님이셨다. 나 또한 성당에서 레지오 활동(기도 봉사 모임)을 5년째 하고 있었기에 블로그에 댓글로 다가갔다. 청강의 기회도 얻을 수 있었고, 자주 교류하며 장점을 흡수할 수 있었다. 지금도 늘 나에게 마음도 강의자료도 수업 노하우도 모든 걸 활짝 열어주고 참 고마운 인연이 되었다.

"강사의 가장 큰 행복은 배우면서 성장하는 행복을 느낄 수 있다. 금액을 떠나서 한 분이라도 웃으시면 그것으로 만족한다."라며, 꾸준히 배우고 성장하는 행복을 누리기 위해 배움의 기회가 있을 때 적극적으로 배우고 배운 것을 성장해 가는 과정을 일기처럼 블로그에 써 보라고 했다. 청강을 다니는 것도 중요하지만, 가고자 하는 분야 관련 책을 읽고 메모하고 어떻게 전달할 것인지 고민하고 연습해서 내 것으로 만들어야 했다. 세상에서 가장 행복한 얼굴을 하고 있다. 낯빛이 눈이 부시다. 웃는 모습이 너무 좋다.

서울 실버 체조 강사 10년 차, 박○○ 강사님! 선배님은 실버 자격 과정을 한 협회의 명강사 과정을 통해 만났다. 아침 10시부터 저녁 6시까지 옆자리에서 함께 명강사 과정을 하면서 인연이 되었다. 풍채, 카리스마가 대단하셨는데, 나는 그런 풍채를 좋아한다. 넘치는 카리스마를 좋아한다. 말씀을 나누는 중 성당을 다니고 세례명이 아네스라고 한다. 늘 협회에서 열심히 활동하는 나를 알고 있다고, 블로그를 참 잘 쓰는 강사로 기억하고 계셨다. 얼마 후 세종시에 예쁜 꽃을 한 아름 안고 꽃분홍 티를 입고 오셨다. 얼마 되지 않은 강사가 일이 많은 것이 블로그 때문이라니, 블로그가 퍼스널 브랜딩이 될 수 있다니, 블로그 레슨을 부탁하셨다. 하루 종일 함께하며 강사의 길 10년 에피소드를 들을 수 있었다. 세종시 가람수풀생태환경연구소 직원 역량 강화 웃음 테라피 의뢰가 왔을 때, 나를 위해 세종시로 와서 1박을 하고 여러 가지 특강 레슨을 해주셨다.

학습자와 소통 공감하는 능력이 필요하다, 스토리텔링식 체조를 강조하셨다. 대상자에 맞게 단순하지만 재밌게 4~5가지 동작을 반복하여 쉽게 할 수 있다는 생각을 가지게 하고 강사는 정확하게 행동을 크게 하고, 다양한 추임새를 활용하라. 운동의 효과가 어디에 있는지 꼭 설명하고 운동의 명칭 만들어라. 누구와 비교하지 말고 나에게 집중하라. 나의 성장에 집중할 어제의 나, 오늘의 나, 내일의 나, 나의 성장에 아낌없이 노하우를 내어주시고 아침마다 응원의 메시지와 자주 전화로 좋은 에너지를 주신다.

블로그를 통해 늘 응원과 관심을 주시던 부산의 이○○ 강사님! 강사의 길을 가고 싶은 세종시 예비 강사님들께 강사 자격증 과정을 열게 도움 주셨다. 미라클 시니어 힐링 연구소 실버 자격증 강사 양성 과정을 23년 10월 20명의 강사를 배출하고 활동할 수 있게 도움을 드렸다. 부산에서 세종시 먼 길을 한 걸음 달려와 강사 양성 과정을 잘 마무리할 수 있게 도와주셨다.

웃음은 우리의 숨이다. 사람을 숨 쉬게 하는 사람이 웃음치료사다. 웃음 친구를 만들어 매일 웃음을 나누어야 진정한 웃음치료사가 될 수 있다.

세종 실버 자격증 양성 기관인 미라클 시니어 힐링 연구소 개소하게 되었다, 지금도 늘 배움의 길로 안내해 주시고 한국강사교육진흥원 강사 역량 강화가 있을 때마다 느슨해진 강사인 나를 쪼이고 처음 마음으로 돌아가게 자극제가 되어 준다. 세 분은 나에게 영혼을 위한 닭고기 수프다. 보물이다. 최고의 보약이다.

 **지치지 않는 꾸준한 성장**

미라클 시니어 힐링 연구소는 세종시 20여 명 강사의 모임으로 함

께 성장하고 있다. 다양한 분야의 전문 강사들을 초대하여 함께 배우고, 봉사도 하고 있다. 각자 잘하는 분야를 찾고, 배운 것을 공유하고 있다. 한 달에 한 번 세종시 장애인복지관, 점자도서관, 노인복지관, 경로당, 여러 기관에서 봉사하고 있다. 입소문으로 지역 방송국에도 출연하는 기회도 생겼다. 24년도에는 세종 마을공동체 사업과 연계하여 교부금을 받아 더 활발해졌다. 세종시 복지의 한 부분을 담당하고 있다는 생각에 행복하다.

웃음 피리 불고 다니는 강사가 되는 것을 상상한다. 웃음이 주는 건강한 삶, 웃음은 방탄조끼다. 웃음은 최고의 보약이다(허준). 웃음은 명약이다. 오랜 속담은 의학 연구자들의 연구로 진실로 밝혀졌다. 질병으로부터 자신을 치료하기 위해 웃음과 긍정적인 생각의 중요하다는 것도 밝혀졌다. 웃음이 건강에 주는 효과 웃음에 대한 서적은 너무 많다. 웃음은 병든 몸과 마음을 치유할 수 있고 스트레스로 멍든 뇌를 밝게 해주고 상쾌하게 하고 부작용이 전혀 없고, 처방 전 없이 어디서나 이용할 수 있는 명약이다. 병원 의사 또한 환자에게 웃음을 기본으로 처방하는데 환자들이 선택하지 않는다. 웃음은 우리의 숨인 것이다. 책, 영상, 강연을 찾아다니며 내가 결론 내린 것이다.

웃음 피리 불고 다니는 강사가 되기 위해 지치지 않고 꾸준히 성장해야 한다. 온·오프라인에서 매일 다양한 분야의 수업을 줌으로 받고 내 것으로 만들기 위해 메모하고 PPT로 만들어 놓은 작업을 계속했고 지금도 해나가고 있다. 웃음 관련 책, 치료 재활 복지 레크리에이션 사례 발표, 교육자료를 읽고 자료를 보며 꾸준히 공부하고 있다.

강사의 길에서 블로그 유튜브를 통해 나를 브랜드화하는 작업을 꾸준히 하고 있다. 강의 경력이나, 현장 수업을 영상으로 찍어 나만의 차별화된 콘텐츠를 개발해 나가고 있다. 기관에서 문의가 많아 함께하는 세종 미라클 시니어 힐링 연구소 회원들에게도 특강의 기회를 제공하고 있다.

백만 불짜리 미소 강사의 꿈과 비전

나만의 루틴이 있다. 아침 숲을 걸으며 강의를 위해 오늘도 나를 만나는 사람들에게 웃음으로 변화된 자신을 만나게 해주는 강의를 하자.

"된다, 한다, 했다, 잘~ 된다, 잘~ 한다, 잘~ 했다."

긍정 확언을 나 자신에게 말해 주고 있다. 나는 웃음치료사로서 세상을 밝게 하는 큰 꿈을 품고 있다. 웃음으로 마음을 정화시키고 긍정적 에너지를 전달하여 사람들의 삶을 더 행복하게 하는 것이 비전이다.

한 시간의 강의를 위해 최소 4시간의 준비를 한다. 오늘 만날 분들의 사전 정보를 파악하고 철저한 준비로 강의에 임하려고 노력하고 있다. 충분한 연습을 통해 자신감을 장착하고 가면 기관도 학습자도 강사도 만족하고, 다시 찾아 주신다. 세 마리 토끼를 잡을 수 있기 때문이다.

강사의 생각과 감정을 명확히 전달해 줄 수 있는 소통 기술을 지닌 명강사, 학습자의 가슴을 적셔주는 명강사, 공동체의 선을 위해 사명감을 가지고 기꺼이 나서 줄 수 있는 명강사, 베스트셀러 같은 명강사보다는 스테디셀러처럼 기초가 튼튼한 명강사가 되고 싶다.

나는 웃음치료사로서 세상을 밝게 하는 큰 꿈을 품고 있다. 웃음으로 마음을 정화시키고 긍정적 에너지를 전달하여 사람들의 삶을 더 행복하게 하는 것이 비전이다. 웃음의 힘을 믿고 만나는 사람들에게 웃음 보약을 삶을 살아가는 데 힘을 주고 내가 살아가는 세상을 조금 더 밝고 따뜻하게 만드는 일에 조금이나마 보탬이 되고 싶다.

나와 함께하는 순간이 웃음 가득한 행복으로 가득한 삶이 되기를 꿈꾸며 이 비전을 이루기 위해 나는 계속 성장해 나갈 것이다. 나를 만나는 학습자들에게 웃음으로 행복을 찾아 줄 수 있도록 최선을 다하는 강사가 될 것이다.

11

마법의 강의 레시피

최정화

주요 경력

영산대학교 양산캠퍼스 노인복지상담학과 교수

부산과학기술대학교 문화예술복지과 교수

경남생활문화예술체험협회 회장

문화레크리에이션교육컨설팅 대표

법무부 창원보호관찰위원회 상담분과 위원

왜, 나는 강사가 되었는가?

예로부터 자고로 음식은 손맛이라고 말들을 많이 한다. 손맛이라는 말을 자세히 들여다보면 손으로 맛을 낸다는 말인데, 결국은 재료와 조미료의 선택, 그리고 양을 가늠한다는 많은 의미를 내포하고 있다. 50대를 훌쩍 넘어보니 우리의 살아가는 인생이 음식을 만드는 과정과도 비슷하다는 생각이 든다. 특히 직업, 일, 여가 등에서 적절한 배분, 새로움과 익숙함의 밸런스, 하지만 너무 많은 양은 오히려 모자람보다 못하다는 사실은 경험을 통해 확인하게 된다.

30대부터 프리랜서 강사를 해오다 보니 새로운 콘텐츠에 눈을 돌리고 싶은 순간이 참 많았다. 특히 어려서부터 '한 고집'했던 나는 일과 관련된, 아니 어쩌면 관련되지 않은 분야에도 참 열심히 배우고 즐겨왔다. 그 결과 주위에서 자주 듣는 말이 "도대체 못하는 게 뭐예요?"라는 말이다. 어쩌면 부모님이 주신 재능이 다른 이보다 조금 많았는지도 모르겠지만, 그러던 어느 날, 동화구연과 관련된 콘텐츠로 마술을 배우게 된 것이 나를 마법의 세계로 이끌게 된 터닝포인트였다.

마술 동화구연! 동화구연 수업에 집중하지 못하는 친구들을 보면서 뭐 재미난 게 없을까 하고 궁리하던 차에 이야기와 마술을 접목시켜 풀어나가는 스토리텔링 매직을 만나게 된 것이었다.

그로부터 15년이 지난 지금 나는 대학에서도 마술과 레크리에이션을 벤치마킹하여 성인 학습자들에게 만학도로서의 대학 생활을 건전하고 유쾌하게 만들어 주고 있다. 마술은 평생 학습자들에게는 행복한 인생의 레시피, 나에게는 리더로서 교수자로서의 마법의 레시피가 되고 있는 셈이다. 그리하여 이 책을 통하여 그동안 마술과 더불어 어린이부터 노인까지 평생교육을 해오면서 겪은 이야기를 풀어놓고자 한다.

명강사 시크릿 *01* 강사로서의 자질과 마음가짐

어렸을 적 내 눈에 비친 선생님은 거의 신적인 존재였다. 시골 벽지 출신이다 보니 좋았던 점은 처음 발령받아 오시는 선생님이 학교 선생님들의 절반이라 6년 동안 총각, 처녀 선생님들과 추억 쌓기에 안성맞춤이었다. 특히 기억에 남는 처녀 선생님은 학교 사택에서 자취하여 늘 우리와 함께 생활하다시피 했다. 학교가 파하면 봄에는 산으로 들로 진달래 따고 쑥 캐면서 놀고, 여름이면 시냇가에서 같이 물놀이하고, 가을에는 낙엽 밟고, 겨울에는 눈싸움하면서 참 재미있게 보냈었다. 선생님이 집으로 가시는 주말이나 공휴일이 오지 않았으면 하고 기도한 적도 있을 정도였다.

또래보다 성숙했던 나는 여선생님 방에 들어서면 풍겨오는 좋은 냄새, 화장품, 여성용 물건들에 정신이 팔려서 다른 세상에 와 있는 착각을 느낄 정도로 가슴 떨리는 순간이 많았었다. 가정방문을 오시는 날에는 나는 그 어디에도 없는 사람이었다. 멀리서 걸어오시는 선생님의 발자국 소리에 굴뚝이 있는 뒷골목에 숨는다. 엄마, 아버지가 아무리 불러도 나가지 않았다. 선생님께서 그토록 오늘 집에 방문하니 "어디 가지 말고 부모님 옆에 꼭 있어."라고 한 신신당부는 이미 까마귀 고기를 먹은 지 오래다. 한참 얘기를 나누고 돌아가시면서 '정화는 아직도 안 들어오네요. 보통 때도 이렇게 늦게 집에 들어오나요?' 물으시는 선생님의 걱정스러운 얼굴이 상상되면서 얼른 뛰어나가고 싶었지만, 왜, 무엇 때문에, 숨었는지 그때는 알고 싶지도 않았고, 어서 선생님이 돌아가셨으면 하는 마음뿐이었다.

긴 머리, 하얀 얼굴, 가지런하고 하얀 이, 살며시 웃으면 보조개가 두 개 패이던, 그냥 보통의 얼굴인데 그때 나의 눈에는 하늘에서 내려온 천상의 사람으로 보였다. 그리고 네일아트를 하지 않았던 정갈하던 손톱을 보면서 나는 꿈을 꾸었다. 선생님이 되기로.

농사일에 지친 부모님은 나에게 따뜻한 말보다는 강하고 권위적인 모습으로 대하셨지만, 선생님의 고운 목소리와 다정한 어투는 세상에 태어나서 처음으로 어린이로서의 귀한 대접을 받았던 순간이었다. 그로부터 초등학교를 졸업할 때까지의 나의 학교생활은 선생님 놀이로 가득 채워졌다. 아침 자습 문제 내는 건 언제나 내가 맡았던 숙명이었고, 풀이 또한 내가 선생님이었다. 지겹도록 선생님처럼 지휘봉을 들고 가르치고 또 가르쳤던 선생님 놀이, 가르치다 보니 나도 모르게 학습 능력이 향상되어 꽤 오랫동안 성적은 상위권이었다. 그 어린 나이에도 학습자들의 태도와 능력에 대하여 그만큼의 배려가 있었는지 중학교 때는 성적이 부진했던 친구들에게 오후 시간을 이용하여 공부를 도와주었던 기억도 있다.

얼마 되지 않는 농사로 자식 다섯을 열심히 가르치려 하셨지만, 아버지는 고등학교를 마산으로 유학 보내신 후 내 나이 열여덟 살 때, 폐암으로 하늘나라로 가셨다. 그때는 세상도 나를 버리고 아버지도 나를 버린 것 같아, 한동안 먹지도, 자지도, 않고 멍하니 시간을 보냈다. 그리고 선생님이라는 꿈을 버렸다.

그리고 결혼 후, 아이 둘을 낳고 경력 단절이라는 관문 앞에 맥없이 주저앉아 있을 때, 시에서 운영하는 문화센터가 눈에 보였다. 거기서 만난 동화구연이라는 콘텐츠가 내 인생의 터닝포인트가 되었다. 또 다른 꿈으로 끌어주신 동화구연 스승님과 나의 인연은 지금 20년이 넘어가고 있다. 봉사로 만들어 가던 지역 사회 민간 단체는 나의 또 다른 울타리가 되어 30대 40대를 열정적으로 활동하게 만들어 줬다.

어릴 적 나를 대해주셨던 처녀 선생님의 모습이 가슴에 새겨져 있어 그런지 인성과 함께 지도하는 동화구연 강의는 나에게는 소박하고 아름답기까지 한 최고의 직업이 되어 주었다. 내 아이들의 학교에서,

지역 문화센터에서, 어린이집에서, 유치원에서, 10여 년간 열정적으로 수업을 했었던 것 같다. 남편 역시 아이들을 키우면서 할 수 있는 일이 적당하다 싶었는지 끊임없이 조력자가 되어 주었고, 나는 서서히 이름을 알리면서 강의 영역을 넓혀갔다. 강사라는 직업의 책임감은 깔끔한 이미지, 흐트러지지 않는 모습, 선생님으로서의 도덕심, 주변 사람들의 입에 오르내리지 않는 자기 처신 등 학교 선생님 못지않은 소명감으로 지낸 세월이었다. 이즈음에도 '하고 집이'는 배움도 늘 함께하는 강사였다.

명강사 시크릿 02 강사의 컨텐츠 선택

어느 날, 동화에 마술을 함께하여 마술 동화, 동화 마술이라는 콘텐츠가 유행이라는 말에 동료들과 함께 배우기 시작했다. 어릴 적 처녀 선생님과 경험했던 신세계와 같은 느낌을 어른이 되고 직업을 갖고 있으면서 느낄 줄이야…. 환경과 기관이 다를 뿐 같은 선생님이지 않은가, 나 스스로 자기암시를 하면서 마술에 빠지기 시작했다.

처음에는 자격증만 취득하고 수업을 연계하기 위한 스팟으로만 사용하고자 했던 것인데 한발 한발 깊숙이 빠지기 시작한 것은 아마도 마술이 가지고 있는 다양한 레시피때문이었던 것 같다.

그 즈음 어린이, 유소년을 넘어 성인 학습자를 만나기 시작하면서 또 하나의 나의 도전은 석사학위였다. 우리 강사의 세계에서도 배움은 늘 교육과 함께여서 평생교육과 평생학습에 지도자로서의 대상자가 되기도 주도자가 되기도 하는 관계이다.

인근 대학에서 2년 반 만에 그저 남들이 한다는 사회복지학 석사를 취득하고, 평생교육사를 위하여 온라인으로 공부하는 디지털대학 3학년에 편입하여 2년 만에 평생교육사 2급을 취득하였다. 특히 평생교육사를 공부하면서 그동안 지도를 해오던 현장에서 학습자의 태도나 성향을 이론적으로 일치시킬 수 있어서 많은 공부가 되었다. 그렇게 공부를 하던 5년 동안 성인 학습자, 만학도를 노인스포츠지도사라는 노인 통합 강사로 만들어 내는 시간이 되었다.

"마술은 레크리에이션이다." '마술을 마술로 보지 말고 즐거움과 행복으로 즐겨보는 건 어떨까?' 그래서 선택했다. 마술을 레크리에이션에 접목하기로.

 **세상에 공짜는 없다**

우리는 시간강사이지만 준비하는 시간도 강의에 해당한다. 자료를 찾고, PPT를 만들고, 때로는 실기 재료도 준비하면서 많은 아이디어를 생각해 내야 하는 직업이다. 그러자면 다양한 경험과 학습을 통하

여 강의에 접목한다. 강의료가 없는 곳, 아니면 돈을 내면서 세미나를 들어야 하는 곳을 배제하는 강사들이 있다. 내 발품을 팔고 노력과 돈을 들여가며 다니는 곳은 어느 틈새에도 배울 거리가 있었다. 그런 경우와 확률의 수를 많이 경험한 나는 20여 년 동안 좌우명으로 "세상에 공짜는 없다"라는 말을 후배나 제자들에게 자주 들먹인다.

꼰대 같다는 소리도 듣지만, 나에게는 지금도 기름값을 들여서 가는 곳이 있다. 집에서 멀긴 하지만 매주 수요일, 지인이 운영하는 인문학연구소에 간다. 인문학 분야에서 대가이신 분이지만 사람이 좋아 외부 강의를 줄이고 수요일 저녁이면 연구소를 개방하여 손님들을 초대하여 무료로 강의를 해주신다. 물론 여기서 나에게 강의를 소개해 주고 일을 만들어 주지는 않지만, 나의 정신세계 즉, 교양을 풍부하게 해주는 고마운 곳이다.

바쁘다 보니 책을 읽을 시간이 만만치 않은 나에게 인문학 공부는 사막의 오아시스이다. 대학에서 마술과 레크리에이션을 강의하면서, 또 사회복지를 강의하면서 나는 여기서 듣고 본 것을 많이 인용한다. 사람과 관계된 교육을 하다 보니 나 역시 사람과 관계된 학문에서 풀어낼 썰이 제일 많다. 어디를 가든 듣고 보고 생각함을 생활화하자. 우리는 강사니까.

 **마술은 레크리에이션이다**

마술공연을 하다 보면 많은, 다양한 관객들을 만나게 된다. 3세에서 5세 어린이집 친구들, 6~7세 유치원 친구들, 초등, 중등, 고등, 성인, 노인, 장애인분들, 연령과 세대가 함께 관람하기도 한다. 관객을 파악하고 스테이지 팔러 공연을 준비할 때 꼭 고려하는 것이 있다.

어떤 즐거움을 줄 것인가? 신기함은 판도라의 박스다. 신기함이 꼭 즐거움만을 줄 수 있을 것인지, 신기함이 호기심으로 전해져 오히려 공연을 밍밍하게 만들 수 있는 리스크를 염두에 두어야 하는 것이 마술사의 고민이다. 그래서 5년 전부터 대중에게 다가가는 마술공연 & 교육을 하고 싶어서 많은 연구와 고민을 해 왔다. 그래서 몇 가지 레시피를 만들게 되었다.

첫째, 마술의 주제를 관객에게 두라. 관객의 니즈를 파악하고 공연의 주제를 잡기 시작했다. 예를 들면, 〈행복을 전해주는 매직 페스티벌!〉, 〈마술은 레크리에이션이다〉, 〈호기심 팡팡! 행복 팡팡! 마술 팡팡!〉, 〈쉿! 비밀을 가진 마술 나라〉 등 누가 들어 봐도 신기함이 행복과 즐거움을 준다는 언어로 만들어 가는 것이다.

둘째, 관객과 함께 즐기는 마술을 하라. 관객을 무대로 불러 마술 도구를 이용하여 무대 레크리에이션을 한다면, 마술사가 관객의 호응을 이끌어 가는 것이 아니라, 관객의 행동과 언어를 통하여 관객의 박수와 함성을 얻어내는 것이다. 그러면 자연스럽게 마술 연출도 하면서 관객에게는 대리만족을 주고 집중시켜 모두가 행복한 시간을 만들어 내는 것이다.

셋째, 마술사는 연기자가 되어야 한다. 때로는 비언어가 언어보다 소통에 큰 힘을 가질 때가 있다. 음악과 함께 공연할 때 더더욱 마술사는 관객과 눈으로 몸짓으로 소통해야 한다. 귀로 음악을 듣고 눈으로 마술 연출을 보면서 마술사가 전하는 메시지를 받아야 하기 때문이다. 예를 들면, 씨앗 하나를 보여주고 햇빛과 바람, 물을 주면 꽃이 피는 마술 연출을 할 때 마술사는 음악이고 시선과 느낌과 분위기로 관객에게 지극히 정상적인 자연 현상을 마술로 풀어내야 하기 때문이다.

넷째, 사람의 심리를 잘 이용해야 한다. 일반적인 사람들이 생각하는 마술의 이미지는 누가 물어도 비둘기, 지팡이, 토끼, 모자, 불, 꽃, 카드, 볼 등을 대답한다. 그중에서도 다른 어떤 마술보다 비둘기가 나오면 최고의 마술이라고 한다. 학교에 직업전문인 특강을 가 보면 비둘기를 계속 외친다. 그럴 때 나는 얘기한다.

비둘기는 무대에서만 공연하는 것으로 훈련이 되어있고 일반적인 공간에서는 공연이 어렵다. 전혀 상상하지 못한 곳에서 비둘기가 나오는 것이 신기하지만 사실은 훈련으로 마술사와 함께 쇼하는 것이라고. 시대가 변하면 마술의 패러다임도 변하고, 쇼를 보고 즐거워하는 것이 관객의 심리라면 마술도 쇼로 보는 것이 맞지 않겠냐고, 그러면 끄덕끄덕, 오늘도 마술사들은 쇼를 위하여 열심히 연습하고 또 연습하고 있다.

다섯째, 공연자와 관객의 매너는 같아야 한다. 우리는 누구나 무대 위에 설 수 있고 또한 무대를 즐기는 관객이 되기도 한다. 그래서 그 입장을 다르게 보지 말고 함께 보자. 세상에 수많은 문화예술 공연을 즐기면서 무대 관계자는 얘기한다. 무대 행사는 함께 즐길 때 성공하는 것이라고. 요즈음 관객의 매너 수준이 많이 올라간 것은 사실이다. 하지만 유독 마술공연만큼은 관객의 눈이 매서운 것도 사실이다. 어쨌든 마술이라는 콘텐츠 자체에 그 이유가 분명히 있는 것도 같다. 트릭이 보인다는 것은 바로 실패로 여겨지니까. 공연자는 관객의 매서운 눈보다는 따뜻하고 응원의 분위기를 좋아한다. 그래서 나는 오프닝을 신기함보다 사람과 사람을 연결해 주는 레크리에이션으로 시작하게 되었다.

스팟과 아이스 브레이킹으로 매직 댄스, 댄스와 매직을 밴치마킹한 작품으로 여러 명의 마술사가 경쾌한 대중음악으로 댄스와 마술 6가지를 한 곡에 연출해 내는 것이다. 물론 함께 적재 적시에 마술을 연출하는 것이라 연습이 많이 필요한 건 사실이다. 하지만 그만큼 혼자만의 부담보다는 팀원 간의 결속력도 만들어 주고 같은 의상과 같은 동작, 즉 군무로 관객을 매료시킬 수 있는 장점이 있었다.

여섯째, 사람과 마술 현상을 연결하라. 세대에 따라 인생을 받아들임이 다르다. 특히 노인을 대상으로 마술을 공연할 때 그분들의 공감대를 알고 마술 도구와 연결하면 학습이 된다. 예를 들면 색깔 마술을 할 때 노란색은 기대, 꿈 파란색은 건강, 빨간색은 열정 등 우리의 마음에 가두어 놓은 개념들을 연결하여 연출하면 긍정적인 사고를 매치시킬 수 있다.

어린이들은 풍선을 이용하여 스토리를 만들어 내어 마술공연을 하고 청소년들은 자기 속에 가두어 놓은 정체성을 심리 마술을 이용하여 드러내게 하면 환하게 웃는다. 스트레스에 힘들어하는 회사원들에게는 조직의 체계와 일과의 상관관계를, 학부모에게는 자녀교육의 아킬레스건, 리더들에게는 끌어당김의 힘든 부분을 마술과 연결하면 카타르시스를 느끼는 것 같았다.

이렇게 사람이 숙제이고 사람이 정답인 우리 세상에서 함께 연대하고 살아가려면 결국 정답은 타인에 대한 배려, 공감, 이해, 존중, 사랑이다. 이를 모를 리 없겠지만 때로는 잊고 살아가는 것이 사람인지라 가끔 일깨워 주면 되는 것이다. 재미있게. 신기한 레크리에이션으로….

기다림은 곧, 시작이다. 멀티가 되어라

조급해하는 사람이 많은 세상이다. 실력은 금방 느는 사람도 있겠지만 그 깊이는 시간과 경험이 말해 주는 것을 직접 겪어보지 않으면 모른다. 지난 20년 동안 이것 하나만은 잘한 일이 아닌가 싶다. 동화구연 수업은 아무래도 인성교육이 꼭 필요한 유치원생이나 초등 저학년이 수강을 많이 하는 편이라 그 당시에만 해도 도립, 시립, 마을도서관에서 수업을 많이 했었다. 지금은 시립도서관장이 되신 공무원 한 분과의 인연은 지금까지도 쭉 이어져 오고 있다.

그분이 저에 대한 피드백은 '믿고 보는 최정화'였다. 이 한마디가 지금까지 했던 프로젝트, 수업, 행사 등을 성공적으로 이뤄냈다고 내 입으로 말하기 부끄럽지만, 진심으로 열심히 하는 마중물이 되었던 것 같다. 이즈음에 재미있었던 에피소드를 하나 얘기해 본다.

동화구연이 유행(?)하던 시절에 동화구연단체에 가입하려던 대회를 거쳐 입선해야 하는 조건이 있었다. 내가 가입하던 해에도 12명이라는 거대한 인원이 같은 기수가 되어 가입 후 처음 1년은 단체이름으로 지역 사회에 1년간 봉사를 해야 했다. 그리고 1년이 지나고 실력이 갖춘 순서대로, 혹은 봉사를 많이 한 순서대로 협회에서 수업을 보내줬었다.

그런데 자신의 차례를 기다리지 못한 동기 한 명이 협회 몰래 수업하러 다니기 시작하더니 나중에는 금방 자포자기해 버렸다. 결론적으로 협회의 명예를 추락시키고 본인도 강의의 찐맛을 못 느끼고 공부하고, 대회 준비하고, 선배 수업 참관하고, 모의수업하고, 봉사했던 몇 년을 송두리째 잃어버리게 된 것이다. 물론 다른 일을 하더라고 여기서 경험했던 시간 들이 도움이 많이 되겠지만 한번 일을 시작하면 10년은 하라는 인생 선배들의 코칭이 뇌를 너무 자극하던 순간이었다. 서로 치열하게 경쟁하고, 때로는 공감도 나누면서 시작했던 12명의 동기가 지금은 협회에 나 혼자 남았다. 이직했던 동기들은 부동산 컨설팅, 교회 권사, 현모양처, 어린이집 원장 등 각자 다른 일터에서 열심히 하고 있지만 그토록 원했던 일을 기다리고, 또 이뤄냈던 나는 지금 대학의 강단에서 새로운 시작을 하고 있다.

서문에서 얘기한 것처럼 나는 조금씩 잘하는 것이 많다. 뭐든 남보다 빨리 배우고 또 잘했던 것 같다. 노래, 댄스, 연기, 운동, 스피치 등 천부적으로 타고난 것이라 말하고 싶지만 사실 내 부모님은 그저 소극적이고 조용한 성격을 가진 평범한 사람이다.

내가 태어나서 처음으로 해본 연극은 초등학교 시절 학예 발표회 때 했던, 지금은 기억이 가물가물하다. 학교 아이들을 잘 이끌어가는 선생님의 역할이었던 것 같다. 회초리를 들고 싸우는 아이들을 야단도 치고, 때로는 사랑을 주기도 하면서 아이들을 감동시켰던, 지금 생각하면 부끄럽기 짝이 없던 역할이었는데 아직도 그때 입었던 의상이랑 연기했던 모습이 기억나는 것은 내 인생에서 제일 첫 테이프를 끊었 던 연기여서 그랬을 것이다.

그리고 중학교, 고등학교 시절은 사춘기를 심하게 겪으면서 은둔생 활을 하였고. 20대는 무엇을 해야 할지 몰라, 회사를 이직하고 또 취 업하면서, 또 다른 세상을 꿈꾸면서 하릴없이 시간만 보내었다. 자격 증 시험을 준비하다가 포기하기를 여러 번, 공무원 시험도 책만 사두 고 먼지만 쌓여갔다. 그러다가 결혼했다. 아이 둘을 낳고 기르면서 서 서히 내 마음속에 숨어있던 잠룡이 깨어나기 시작하였다.

첫 번째 잠룡은 아동문학가이다.

동화구연 강의를 시작하면서 벌었던 수입은 다른 컨텐츠를 배우기 위해 재투자되기 시작하였고, 나는 늘 강의와 배움의 정비례에서 많은 시간과 비용을 지출하였다. 다른 이보다 먼저 일어나고 아이들 챙겨가 면서 늘 늦게 잠들었다. 하루 시간이 24시간이 아니라 30시간이었으 면 얼마나 좋을까, 밤이 없고 낮만 있다면 얼마나 좋을까하고 생각했 다. 하고 싶고 배우고 싶은 게 있으면 달려갔다. 배운 건 봉사에서 연 습하여 역량 강화하고 실전은 프로페셔널하게 해야 한다는 게 그동안 선배들에게서 듣고 배운 방법론이었다.

하지만 아무리 배우고 내 걸로 만들어도 그 깊이는 세월을 속일 수는 없었다. 사람은 때가 되어야 어울리는 훈장이 있다. 예를 들면 아동 문학론, 동화 구연론으로 이론과 현장을 갈고 닦은 후에야 비로소 나는 아동문학가로 등단할 수 있었다. 지금은 10분 만에도 아이들이 읽을 수 있는 동시를 쓸 수 있는 것처럼 말이다.

두 번째 잠룡은 배우이다.

동화구연 강의를 하면 역할극이라는 과목을 함께 강의한다. 아이들이 그림책이나 동화를 듣고 내용에 나오는 배역을 맡아 직접 간단한 연기를 해 봄으로써 상대방의 입장이 되어 보고 인성을 길러가는 것인데, 일종의 화술을 함께 공부한다.

동화구연가 단체에 있으면 자연스럽게 아동극을 하게 되는데 처음에는 막내로 참관만 하고 점점 선배가 되면서 배우로 무대에 섰다. 그러다가 어느 시점이 되자 공연단 단장이 되어 후배 연기 지도를 하며 무대에 세우고 있었다. 화술에서 제일 중요한 음성, 발음, 발성, 표정, 제스처 등은 금방 잘하는 사람도 있지만 보통은 훈련과 연습으로 만들어진다.

강단에 서는 강사들이 이 화술을 스피치와 일맥상통하게 습득한다면 최고의 스피커가 될 것이다. 요즘 스타 강사들을 보면 화술이 정말 최고다. 말로 사람들을 울리기도, 웃기도, 감동을 주기도 한다. 나는 화술에서 제일 자신 있는 부분이 표정이다. 이건 내게 자신 있는 분야

이기도 하지만 많은 이들이 표정만큼은 타의 추종을 불허한다고들 한
다. 아동극을 하면서 표정 연습을 많이 했던 결과라고 자신한다. 비록
많은 돈을 받는 연극은 아니지만 나를 성장시킨 일등 공신이었다.

세 번째 잠룡은 실버 레크리에이션이다.

동화구연과 책 놀이 독서와 관계된 강의를 하면서, 나도 40대 중반
불혹의 나이가 되었다. 우리나라가 고령화사회를 지나 초고령사회로
접어들 때쯤 나에게도 노인 교육 시장이 조금씩 조금씩 다가오기 시작
했다. 지인의 소개로 노인 강사를 길러내는 교육원에 동화구연교육특
강을 하게 되면서 노인 강사를 만들어 내는 일을 하게 되었다. 어린이
들과 교사들만 상대해 오던 나에게 노인 분야는 정말 신세계였다. 이해
를 해줘야 하는 입장에서 어쩌면, 이해를 받는 특별한 세상이기도 했
다. 운동도 좋아하고 트로트 노래를 좋아하던 나에게 노래 율동, 실버
체조, 라인 댄스 등 실버 레크리에이션은 <이보다 더 좋은 순 없다>라
는 영화 제목보다 더 좋은 기회였다. 또한 국가가 공인한 노인스포츠지
도사라는 자격 과정을 지도하는 지도자로 일하게 되었다. 실버교육을
위하여 사회복지 석사과정을 수료하고 평생교육사도 취득했다.

제2회 노인스포츠지도사 시험에서 자격증을 취득했고 지금은 제
10회 노인스포츠지도사 자격 과정을 나의 교육원인 문화레크리에이
션 교육원에서 진행 중이다. 노인 교육이 아이들과 같은 점은 난이도
가 조금 낮은 점, 다른 점은 산만하기보다는 이해와 공감의 관점에서

이루어져야 한다는 것이다. 어린이부터 노인까지 전 생애를 강의해 온 경험으로 학습자의 파악은 물론 교수설계, 프로그램작성 교육으로 노인 강사를 1년 정도 트레이닝하여 현장으로 파견시키고 있다. 물론 국가 공인 노인스포츠지도사 자격증을 종목별로 취득하게 하는 것도 정해진 코스이다.

실버 레크리에이션 안에 마술이라는 종목을 함께하는 것은 신의 한 수였다. 마술을 많이 접해 보지 않던 세대인 지금의 65세 이상의 노인분들은 마술을 보는 순간 귀한 공연을 보았다며 입을 모아 감탄을 하신다. 실제로 보는 것에서 그치지 않고 인지 스토리 마술이라는 콘텐츠를 직접 배워보면서 마술을 통해 치매 예방을 하는 수업도 있다. 그래서 노인 강사들의 특기로 마술을 함께하면 남과 다른 스펙으로 강의 현장에 설 수 있는 큰 달란트가 될 것이다.

네 번째 잠룡은 성인 학습자 교육이다.

3년 전 부산과학기술대학교 생활문화복지과(지금은 문화예술복지과)에서 레크리에이션 외래교수로 제의를 받고 지금 해마다 재계약하며 성인 학습자분들을 만나고 있다. 20대부터 80대까지 환경도 경험도 많이 다른 성인 학습자들, 자기 주도적인 학습을 할 수 있고, 인력자원을 활용할 수 있다는 성인 학습자, 하지만 실상은 달랐다. 50대 이상이 90퍼센트 비중을 차지하고 연속적인 학습을 유지해 온 분들이 아니라서 그런지 학부 강의를 많이 힘들어했다. 그래서 내가 맡은 과목이 교양

과목인 레크리에이션이다.

일주일에 두 번 등교하는 분들은 하루 종일 학교 의자에 앉아 있는 일이 많이 힘들다. 학교에 적응하고 학우들과 관계 개선을 위하여 레크리에이션을 통해 협동하고 이해하고 배려하고 함께 사는 세상을 다시금 배운다. 레크리에이션의 이론과 함께 실기인 게임, 노래 율동, 댄스를 스팟과 아이스브레이킹으로 연결하여 즐겁고 재미있는 시간을 보내었더니 훨씬 더 다른 전공과목에 도움이 되었다고 한다. 그래서 지금은 전공과목으로 편성되었다. 어쨌든 성인 학습자들의 대학 생활 초기에 많은 인적으로나 환경적으로 도움이 되는 것이 실버 레크리에이션 교육이다.

이런 경험을 통하여 영산대학교에서는 사회복지 과목을 레크리에이션 즉, 최정화 스타일로 올해부터 강의하고 있다. 강단에 선 강사로서의 이미지 데코레이션은 단연 표정이라고 자신 있게 말할 수 있다. 많은 성인 학습자분의 피드백을 통하여 확인하였다. 또한 나 스스로 미소가 주는 힘을 확인하였다. 내가 내 얼굴을 보는 시간보다 남이 내 얼굴을 보는 시간이 더 많다. 즉 상대방에게 주는 이미지는 내가 주는 것보다 받는 쪽에서 해석되어야 한다. 아직도 자신의 표정을 책임지지 못한다면 거울을 한번 보고 미소를 짓는 연습을 해보라.

강사가 되고 싶은, 이미 되어 있는 분들에게

웃음 코칭 하던 분이 "강사란, 강의하다가 죽을 사람이다."라고 했던 말이 생각난다. 연예인은 죽음을 눈앞에 두고서도 드라마를 촬영하고, 무대에 서는 예술인들은 눈감는 날까지 무대에 서고 싶다고 말한다. 나 또한 건강이 허락하는 한, 지도자로 예술인으로서 혹은 후배 양성을 끊임없이 하려고 한다. 때로는 사람에 의해 지치기도 하면서, 사람에게서 기운을 얻기도 한다.

많은 포유류 중에서 제일 약한 것이 인간이라고 어느 의사가 말했다. 약하기 때문에 서로를 의지하고 또 약자 위에서 군림하려고 한다. 지금의 나는 과거의 내가 만들어 온 과정의 결과임을 확인하는 순간, 현재의 이 시간이 너무나 소중함을 알게 되는 것 같다.

하루를 시작하는 시간을 늘 남보다 먼저 준비하고 기억하고 행동하고 노력했던 시간만큼 보상 받는다고 할까, 이 보상을 느끼는 순간, 나는 또 움직이기 시작한다.

수많은 시간 동안 강사로서 걸어온 이 길이 누구에게도 부끄럽지 않고 자신 있게 당당하게 말할 수 있는 나, "나만의 마법의 강의 레시피를 가져라!"

에필로그

김순복

뼛속까지 강사인 11명의 사명과 소신이 이 책에 녹아 있습니다. 이 책을 손에 든 많은 강사가 각자의 자리에서 더욱 빛나는 강사로 성장하는 데 도움이 되기를 소망합니다. 학습자들이 올바른 가치관을 형성하고 스스로 길을 찾을 수 있도록 그들의 삶에 영향을 미치는 멘토이자 동반자로서 11인의 명강사가 함께 성장하는 여정을 만들어 가겠습니다.

강병찬

영화 인문학 강사로서 영화가 전하는 깊은 메시지를 수많은 사람과 함께 나누며, 성장할 수 있는 환경을 조성하고 싶습니다. 이 책이 여러분의 삶에 작은 변화의 씨앗이 되기를 바라며, 긍정적인 성장을 촉진하는 여정이 되길 소망합니다. 오늘도 여러분의 삶에 새로운 통찰과 깨달음이 있기를 진심으로 기원합니다. 등대와 나침반 같은 가치안내자로 손잡고 동행하겠습니다.

김지은

강사는 말을 통해 청중에게 메시지를 전합니다. 작가는 글을 통해 독자에게 메시지를 전합니다. 공통된 점은 한마디, 한마디! 한 글자, 한 글자! 진정성으로 다가가 진심을 담아내겠습니다. 말과 글을 통해 전하는 우리의 이야기를 만난 당신에게 이 책이 설렘과 용기가 되어 더욱 성장 하시길 바라며, 진심으로 응원합니다.

나윤희

도전이라는 단어는 참 설레게도 하고 두렵기도 하고 처음이라 서툴기도 합니다. 하지만 함께 한 발 한 발 내딛다 보면 시행착오를 겪고 미약할지라도, 어느새 해내게 되는 것 같습니다. 함께하는 새로운 도전! 용기 내어 보시길 바랍니다. 1개월 만에 출간하는 '나는 뼛속까지 강사다'가 그 증거입니다. 여러분의 희망 가득한 아름다운 도전을 응원합니다.

박정희

매일 아침 6시! 11명이 함께 쓴 이 책, '나는 뼛속까지 강사다'가 마침내 책으로 발간되니 기쁩니다.

하루의 시작을 글쓰기로 맞이한 이 여정은 나 자신을 다시 발견하는 시간이었습니다. 많은 사람이 이 책을 통해 새로운 도전과 성장을 향해 나아가기를 소망합니다. 뇌와 마음의 교향곡을 만드는 뇌 교육자로 다가가겠습니다.

이건우

새로운 일을 시작하는 것은 항상 걱정과 설렘이 공존하는 경험입니다. 특히 그 낯선 환경에 혼자가 아닌 여러 작가님과 함께하는 여정이기에 더욱 큰 용기를 얻을 수 있었습니다. 이러한 경험은 새로운 일에 도전하는 계기가 되었습니다. 이 책이 독자 여러분에게 시작하는 것의 중요성을 일깨우고, 희망을 주는 동기부여가 되기를 바랍니다.

이말옥

책 속에 자신의 이야기를 담아낸다는 것이 쉬운 일이 아님을 절실히 느꼈습니다. 그 경험조차 소중하고도 귀한 시간으로 삶의 영양분이 되었습니다. 함께 한 모든 순간이 감사하고 고마운 마음입니다. 이 책이 모두에게 영감을 주고 소신과 사명을 잊지 말고 앞으로 나아가는 멋진 인생이 되도록 가장 행복한 변화를 선물하겠습니다.

전미경

30년 넘게 강단에 서며 수많은 사람을 만났지만, ESG라는 새로운 패러다임을 만나 교육자로서 열정이 더욱 뜨거워졌습니다. 시민들과 함께 지속 가능한 미래를 만들어 가기 위해 ESG 교육을 통해 많은 사람이 지속 가능한 삶의 중요성을 깨닫고 실천하는 사회를 만들고 싶습니다. ESG는 선택이 아닌 필수! 우리 모두 함께 지속 가능한 미래를 만들어 나갑시다.

조 순

인생을 살면서 사랑하고 사랑받는 사람, 인정과 격려로 소중한 그런 사람! 성장과 변화로, 새로운 인생의 목표를 향해 달려가는 나! 어떤 일에 열망이 여전히 남아 있다면 이제는 하나씩 실행이라는 이름으로 옮겨봅니다. 이 책이 새로운 꿈을 품을 수 있도록 함께 하신 멋진 분들의 삶과 한국강사교육진흥원 김순복 원장님께 진심으로 감사드립니다.

최미경

백만 불짜리 미소 강사의 버킷 리스트가 드디어 이루어졌습니다. 기쁘고 감격스러운 순간입니다. 이 책을 손에 든 사람들에게 도움이 되고 영감을 주기를 소망해 봅니다. 책을 통해 제 경험을 나눌 수 있어 뿌듯합니다. 학습자들에게 삶의 활력소를 주며 도움이 되는 늘 노력하는 강사가 되겠습니다.

최정화

가슴이 뛰는 일을 하다 보니 직업이 되었습니다. 끊임없는 노력과 성장으로 지도자가 되었습니다. 지도자의 길을 걷고자 하는 후배, 제자들에게 두서없는 글이지만 진심을 담았습니다. 이 책을 통해 더욱 성장하고 진정성 있는 지도자로 거듭나길 응원하며 여러분의 성장을 지지합니다. 이 순간도 앞으로 한 발짝 나아가는 당신에게 박수를 드립니다.